社会管理系统模拟与竞争性实验方法研究

马国普　杨振东◎主编

图书在版编目（CIP）数据

社会管理系统模拟与竞争性实验方法研究 / 马国普，杨振东主编. -- 哈尔滨：哈尔滨出版社，2023.1

ISBN 978-7-5484-7065-6

Ⅰ. ①社… Ⅱ. ①马… ②杨… Ⅲ. ①社会管理—计算机管理系统—研究 Ⅳ. ① C916-39

中国国家版本馆 CIP 数据核字（2023）第 026621 号

书　　名：社会管理系统模拟与竞争性实验方法研究
SHEHUI GUANLI XITONG MONI YU JINGZHENGXING SHIYAN FANGFA YANJIU

作　　者：马国普　杨振东　主编
责任编辑：刘　丹
封面设计：三仓学术

出版发行：哈尔滨出版社（Harbin Publishing House）
社　　址：哈尔滨市香坊区泰山路 82-9 号　　**邮编：**150090
经　　销：全国新华书店
印　　刷：武汉鑫佳捷印务有限公司
网　　址：www.hrbcbs.com
E-mail：hrbcbs@yeah.net
编辑版权热线：（0451）87900271　87900272

开　　本：787mm×1092mm　1/16　**印张：**11.25　**字数：**160 千字
版　　次：2023 年 1 月第 1 版
印　　次：2023 年 1 月第 1 次印刷
书　　号：ISBN 978-7-5484-7065-6
定　　价：62.00 元

编委会

主　编　马国普　杨振东

编委会　马国普　杨振东　肖书成

吴应明　李平俊　姜　楠

Tell a lie and find a truth. As if there were no way of discovery but by simulation.

——Francis Bacon

前　言

2021 年 10 月，“元宇宙”的概念一夜间重新回到人们的视野。说重新回来，是因为“元宇宙”一词，早在 1992 年美国科幻小说家斯蒂芬森的作品《雪崩》中就已经出现。其最原始的理念就是用信息化手段在现实世界外模拟构建一个“真实的虚拟世界”。而系统模拟方法正是对现实世界模拟的理论基础。

现实世界中的管理系统一般较为复杂、庞大。直接对社会系统进行实验研究，成本高昂，时间漫长。所以社会管理系统模拟的需求便诞生了。

本书首先厘清了社会管理系统的相关基本理念，然后阐述了社会管理系统模拟的概念和意义。在此基础上以一种经典模拟方法——蒙特卡罗方法为例，使读者对系统模拟有一个初步和直观的认知。

之后，将模拟目标系统分为离散系统和连续系统，分别分析了两种系统的模拟方法。在现实世界中的管理系统当然不能简单地分为离散或者连续状态。所以，后文进一步研究了多种管理系统模拟方法的集成应用，并给出社会管理系统模拟研究的基本流程，使读者对管理系统模拟有一个全面的认识。

最后，结合社会系统实际，研究了几种具有竞争性因素的实验实例，来展示和验证前文的分析思路与方法。

由于时间和水平的局限，本书难免存在一些不足之处，敬请各位读者批评指正。

目 录

第 1 章　管理与系统科学原理

要分析现实社会系统管理问题的模拟，首先需要明晰管理科学与系统科学的基础原理。

前两章并非为了专门研究管理科学与系统科学。只是为了研究管理系统模拟与竞争性试验方法的需要而探求基本原理和思维方法与方法论的支持。

第 1 节　管理学原理

管理活动存在于社会生活的方方面面，从囊括全球的联合国，到一个国家，一个地区，再到一个公司，一个学校，或一项工程，一项具体事务，凡是由两个人以上组成的、有一定活动目标的集体都离不开管理。甚至拓展开，每个人对自身也可以管理，并且科学地管理自我可以极大地提升个人的工作与生活效率。要有效地实施管理，首先必须了解管理的基本概念。

1.1.1 管理的重要性

管理是一切群体活动高效运行的基础保证。如果没有管理，集体中每个成员的行动可能会互相影响。即使目标一致，如果没有顶层的协调配合，也难以达到组织的目标。

随着人类社会的发展，组织的规模越来越大，面临的环境越来越不确定，作业活动越来越复杂，管理对组织发展的影响也就越来越大。管理能使现有的资源获得最为高效的利用。

1.1.2 管理的定义

管理活动的历史同人类文明史一样久远，在人类诞生之初，个体在自然环境中相对于其他物种不具备竞争优势。不论是狩猎还是采集，养育后代还是制造、维护生产工具，都需要群体的力量。而群体活动要想高效地运行，最基础的劳动分工必不可少。分工协作便是最基础的管理活动之一。随着人类社会的发展，现代科学萌芽于十六世纪，到十九世纪机械化大生产来临之后，管理科学便应运而生。

美国管理学家弗雷德里克·泰勒（Frederick W. Taylor，1856—1915）认为，管理是一门科学，使你知道要做什么，并且以最好和最高效的方式完成。

1.1.3 管理的职能

管理的职能就是指管理系统的管理活动应具有的作用或功能。管理的职能有：决策与计划、组织、领导、控制和创新五种职能。

一、决策与计划

计划是指在行动之前预先拟定组织目标和行动方案的过程。而决策工作则是指拟定、评价各种可行备选方案并从中选择一个最优或者满意的方案的过程。决策原来是包含在计划之内的。随着现代社会飞速发展，管理决策问题日益突出，决策工作于是被独立出来。

二、组织

组织工作是从无到有建立组织的过程，要求把各项管理要素结合成一个整体。具体包括设计组织结构、建立规章制度、配备人员等。

三、领导

领导是指带领和指导下属去实现共同的组织目标的各种活动过程。管理的领导职能包括激励下属，指导和指挥他们的活动，选择最有效的沟通渠道等。

四、控制

控制是指按照既定的目标和标准，对组织的运行情况进行检查，纠正偏差，从而保证组织计划的实现。控制的存在可以确保组织向其目标迈进。

五、创新

随着社会迅猛发展，市场瞬息万变，社会关系日益复杂。管理者如果墨守成规，就无法应付新环境的挑战。已经到了非创新不可的地步，创新是保持组织立于不败之地的关键。

1.1.4 管理理论的发展历史

管理活动存在了数千年，但形成一套完整的科学理论，则是近一个世纪的事。人们在长期的实践活动中积累了大量的工作经验，形成了朴素的、不成体系的管理思想。随着科学理念的诞生，人们对管理思想加以总结和提炼，找出管理活动中带有规律性的东西，形成了系统化的管理理论。纵观管理科学发展的历程，大致可以划分为三个阶段：

第一阶段为古典管理理论，产生于19世纪末到1930年之间，以泰勒等人的科学管理理论为代表。

第二阶段为行为管理理论，产生于1930年到1945年之间，以梅奥等人的人际关系管理理论为代表。

第三阶段为现代管理理论，产生于1945年以后。这一时期管理领域的研究非常活跃，出现了一系列管理理论学派，可称之为管理理论丛林。

管理系统模拟即产生于第三阶段。

第二次世界大战以后，随着现代化科学技术日新月异的发展，生产和组织规模的急剧扩大，生产社会化程度日益提高，对管理的研究也就日益深入。在许多国家，不仅从事实际管理工作的人和管理学家在研究管理理论，还有大批心理学家、社会学家、人类学家、数学家、经济学家、哲学家、行为科学家等从各自不同的背景，不同的角度，用不同的方法对现代社会生产实践活动中的管理问题进行研究，从而掀起了管理理论研究的热潮，涌现了一系列观点各异的管理学派。各管理学派在历史渊源和论述内容上相互影响，相互吸收各派的积极理论和思想，同时，各派之间又不断进行激烈的论争。

1.1.5 现代管理理论的主要学派

20世纪50年代以来，在已有管理理论的基础上，出现了许多新的理论。1980年，美国管理学家哈罗德·孔茨（Harold Koontz，1908—1984）把管理学派归纳为11个。以下简要介绍几种典型的管理学派。

一、管理过程学派

以法约尔开创的理论为基础，把管理学说与管理人员的职能联系起来。

代表人物有美国的哈罗德·孔茨和西里尔·奥·唐奈（Cyril O’Donnell）。管理过程学派认为，不同组织管理人员的职能是共通的，因此，首先确定管理人员的职能，作为理论的概念结构。

二、行为科学学派

以人际关系学说为基础，以科学的方法研究人的行为，着重解决管理的有效性、人才的开发、领导素质的提高，以及设计合理的组织结构，培养集体意识，改善人际关系，通过对动机的激励调动人的能动性和创造性等问题。

三、社会系统学派

社会系统学派的主要代表是切斯特·巴纳德（Chester I. Barnard，1886—1961）。提出了一种用于协作系统的组织理论。该学派认为，人与人的相互关系是一个社会系统，是人们的意见、愿望以及思想等方面的整合。管理者要围绕着物质的、生物的和社会的各种因素去适应、整合系统。

四、系统管理理论学派

系统管理理论倾向于用系统的观念来分析和研究组织结构及管理的职能。代表人物为弗里蒙特·卡斯特（F. E. Kast）、詹姆斯·罗森茨韦克（J. E. Rosenzweig）和阿比盖尔·约翰逊（R. A. Johnson）。

系统管理理论认为，组织是由相互联系并且协调工作的组件所构成的系统。这些组件可以是不可分的要素，也可以是子系统。任何子系统或要素的变化都会影响其他组件的变化。为了更好地把握组织的运行，就要研究这些组件和它们之间的相互关系。

五、管理科学学派

管理科学学派诞生于二战时期。它是以现代科学理论的最新成果（如计算方法、计算机技术、系统科学、信息科学和控制理论等）为手段，建立数学模型，对管理系统中的人、财、物和信息资源进行系统的分析，并做出最优规划和辅助决策的理论。代表人物有埃尔伍德·斯潘塞·伯法（E. S. Buffa）等。

管理科学学派使管理理论研究从定性到定量在科学的进程中前进了一大步。

六、决策理论学派

代表人物是赫伯特·西蒙（H. A. Simon）和詹姆斯·马奇（J. G. March）。是在社会系统学派的基础上发展起来，把二战以后发展起来的系统科学、计算科学等综合运用于研究管理决策问题，形成的一门有关决策过程、准则和方法的理论体系。

第 2 节　系统科学原理

1.2.1　系统的定义

人类自有生产活动以来，无不在同自然系统打交道。

管子《地员篇》、《诗经》农事诗《七月》，对农作物与种子、地形、土壤、水分、肥料、季节、气候诸因素的关系，都有辩证的叙述。

成书于周秦至西汉初年间的古代医学总集《黄帝内经》强调人体各器官的有机联系、生理现象和心理现象的联系、身体健康与自然环境的联系，这是一种朴素的系统思考人体健康的思想。

我国古天文学很早就提示了天体运行与季节变化的联系，编制出历法和指导农事活动的廿四节气。所有这些古代农事、工程、医药、天文等方面的知识和成就，都在不同程度上反映了朴素的系统概念的自发应用。

朴素的系统概念，不仅表现在古代人类的实践中，而且在古代的哲学思想中得到了反映。古代中国和古希腊的唯物主义思想家都从承认统一的物质本原出发，把自然界当作一个统一体来看待。例如，古希腊辩证法奠基人之一的赫拉克利特，在《论自然界》一书中说："世界是包括一切的整体。"

我国春秋末期思想家老子强调自然界的辩证统一性；南宋陈亮的"理一分殊"思想，称"理一"为天地万物的理的整体，"分殊"是这个整体中每一事物的功能，试图从整体角度说明部分与整体的关系。

用系统概念考察自然现象，这是古代中国和古希腊唯物主义哲学思想的一个特征。古代辩证唯物的哲学思想包含了系统思想的萌芽。

一、案例分析：一举而三役济

北宋皇宫着火，烧成废墟，皇帝命令大臣丁谓限期重建。而修复皇宫包括取土烧砖，运输建筑材料，清理废渣三大工程。

丁谓经过实地考察，提出：在皇城前的大道上取土烧砖，形成河道后引进汴水，然后用船把建筑材料运入工地，皇宫修好后，用工程遗留下来的碎砖废土填塞河道，修复原来的大道。工作流程如图 1.1 所示。

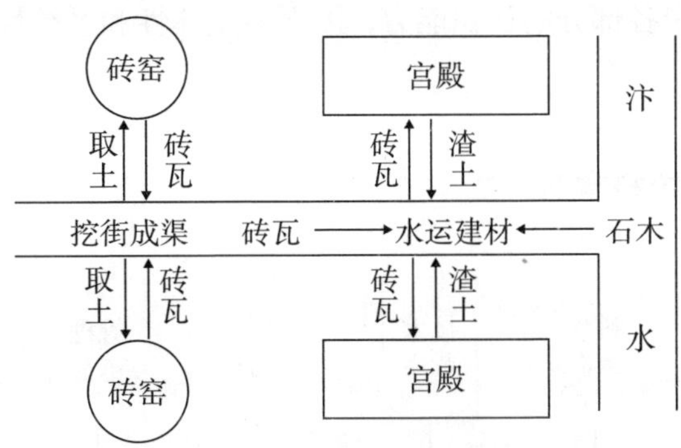

图 1.1　丁谓一举三得

二、案例分析：田忌赛马

战国时期齐王和田忌赛马，各从自己的上等马、中等马、下等马中选出一匹进行比赛，每输一局，输银千两。同等马相较，齐王的马都比田忌的好，但田忌听从谋士建议，用下等马与齐王的上等马赛，用上等马对中等马，用中等马对下等马，这样田忌非但没有输，反而赢了一千两银子。这便是从整体出发，选最优方案实施的策略。

三、案例分析：都江堰水利工程

举世闻名的四川都江堰水利工程是战国时期秦国李冰父子二人主持修建的，都江堰水利工程由鱼嘴分水工程、飞沙堰分洪排沙工程和宝瓶口引水工程三大主体工程巧妙地结合而成，这三大主体工程和一百个附属堰形成了相互联系的有机整体，缺一不可，没有鱼嘴分水工程就不能把岷江分为内江和外江；没有宝瓶口的束水作用，就不会形涡流，泥沙就过不了飞沙堰；如果没有飞沙堰，宝瓶口的束水口就要淤塞，内江之水就无法流入川西平原。正因为这个整体发挥了三个孤立部分各自都发挥不了的作用，才能导岷江之急流，化害为利，灌溉良田 500 多万亩。

古代朴素唯物主义哲学思想虽然强调对自然界整体性、统一性的认识，却缺乏对整体中各部分的认识能力，因而对整体性和系统性的认识是不完整、不深刻的。

1.2.2　系统科学的产生

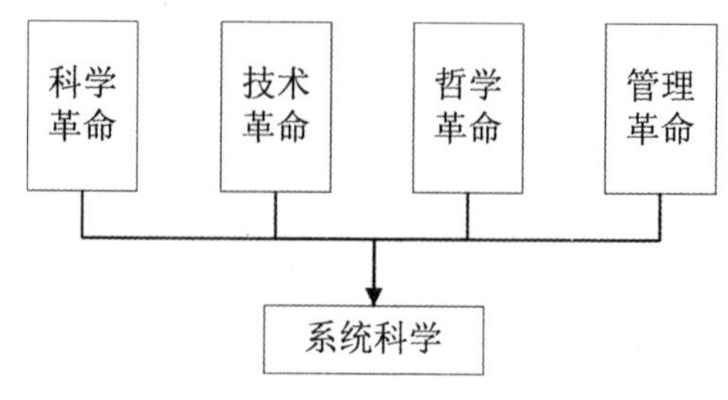

图 1.2　系统科学的产生

一、技术革命：信息与控制

法拉第发现电磁感应现象和麦克斯韦确立电磁场基本方程，促进了电子技术的飞速发展。

随着现代通信技术、电子计算机技术的快速发展，20 世纪中期，先后产生了控制论和信息论。

二、哲学革命：有机论代替决定论

决定论（又称拉普拉斯信条）是一种认为自然界和人类社会普遍存在客观规律和因果联系的理论学说。心理学中的决定论认为，人的一切活动，都是先前某些原因所导致的结果，人的行为是可以根据先前的条件、经历来预测的。

十九世纪四十年代，马克思和恩格斯提出辩证唯物主义。哲学界出现有机论的观点。有机论（Organicism）是一种把活的有机物当作整个自然的模型和比喻的哲学。它认为，有机物拥有物化分析所难以理解的性质，而这些性质是因这个整体的统一作用造成的；换言之，这个整体大于其部分的总和。

三、科学革命：统计与进化

牛顿奠定经典力学的基础后，机械决定论统治了科学界三个世纪。机械决定论是把物质及其机械运动作为决定性的因素，简单地把拉普拉斯的动力学决定论从自然界直接推广和运用于社会历史领域。

机械决定论仅仅适用于宏观领域，而针对微观领域以及客观世界中大量存在的偶然现象，则产生了统计决定论。统计规律和概率被发现，并很快得到发展，是系统科学的基本思想，也是系统科学的重要数学工具。

进入二十世纪后，科学精神中出现了有关系统、整体、结构、进化的思想。例如，科学进化论中有克劳修斯的熵增加原理，达尔文的物种进化论，马克思的唯物史观。对于绝热过程 $Q=0$，故 $S \geqslant 0$，即系统的熵在可逆绝热过程中不变，在不可逆绝热过程中一味增大。这就是熵增加原理。

四、管理革命：从经验到科学

1911 年，美国管理学家泰勒首先提出“用科学管理替代经验管理”的思想。其主要内容涉及生产管理的技术与方法、管理职能、管理人员、组织原理、管理哲学等五大方面。

如图 1.2 所示，在现代科学革命、技术革命、哲学革命和管理革命的基础上，随着众多学者的不断反思，克服重重矛盾，学术界对系统科学发出了呼唤。

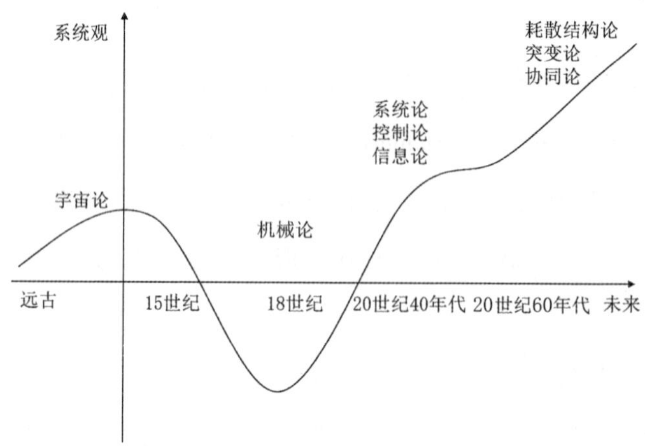

图 1.3　系统观的发展

1.2.3　系统科学的概念

系统科学是从系统的整体性、系统的结构和功能的角度去研究客观世界，探求客观世界中系统、信息、控制之间的联系及其性质和规律性的科学技术的统称。

系统科学具有以下特点：

①系统科学是横断科学；

②系统科学具有综合性；

③系统科学具有抽象性；

④系统科学具有数理性。

关于系统科学的内容和结构最详尽的框架，是我国著名科学家钱学森提出来的。他认为系统科学与自然科学和社会科学处于同等地位。他把系统科学的体系结构分为四个层次：

第一层次是系统工程、自动化技术、通信技术等，是直接改造自然界的工程技术层次；

第二层次有运筹学、系统理论、控制论、信息论等，是系统工程的直接理论，属技术科学层次；

第三层次是系统学，它是系统科学的基本理论；

最高一层是系统观，是系统的哲学和方法论。

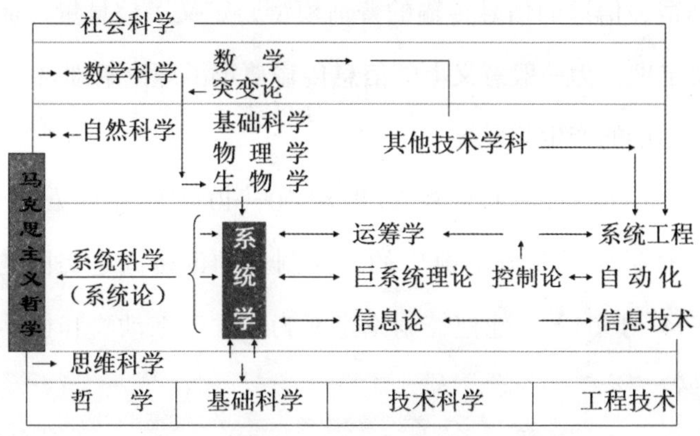

图 1.4　系统科学的概念

1.2.4　系统科学的发展

系统科学的发展大体有以下五个方面：

一、贝塔朗菲的一般系统论

1945 年贝塔朗菲的《关于一般系统论》于《德国哲学周刊》第 18 期上发表，明确提出一般系统论的任务“乃是确立适用于系统的一般原则”，并对系统的共性做了一定的概括，如系统的整体性、关联性、动态性、有序性、终极性（目的性）等。

他认为现实是一个有组织的由实体构成的递阶秩序，在许多层次的叠加中从物理、化学系统引向生物、社会系统；因此，不能把分割的部分的行为拼加成整体，必须考虑各个子系统和整个系统之间的关系才能了解各部分的行为和整体。

二、信息论的产生与发展

香农信息论形成的技术背景是通信工程。二战对通信的实际需要，迫切要求建立通信理论。香农在 1948 年发表了《通信的数学理论》，提出“信息就是信息”，向科学界宣告了信息论的诞生。香农的信息论提炼出了包括信源、信宿、信道的信号传输的普适模型，定义了信息量，提出了信源编码等重要定理，为一般意义上的信息传输奠定了理论基础。

三、控制论的产生与发展

控制论（Cybernetics）是在 20 世纪 30—40 年代蓬勃发展的自动控制技术和统计数学的基础上诞生的。控制论的创始人是美国的维纳（N. Wiener，1894—1964），他把控制论定义为：关于在动物和机器中控制和通信的科学。

控制论提炼出的基本概念，诸如目的、行为、通信、信息、输入、输出、反馈、控制以及建立在这些概念基础上的控制论系统模型，即输入输出反馈控制模型，具有广泛的普适意义。

四、系统工程学的兴起与发展

1969 年，阿波罗飞船登月成功，被公认为是系统工程成功的范例，引起了人们对系统工程的广泛重视。1972 年成立了国际应用系统分析研究所，专注于系统工程学的研究。

系统科学和系统工程在我国的研究应用，早期是从推广应用运筹学开始的。1980 年 1 月在北京召开了中国系统工程学会成立大会，表明中国在系统工程研究和应用方面进入了一个新的阶段。

五、系统自组织理论的发展

自组织理论是研究客观世界中自组织现象的产生、演化等的理论。通常人们将普利高津创建的耗散结构理论和哈肯创建的协同学理论统称为自组织理论。

耗散结构理论主要研究系统与环境之间的物质与能量交换关系及其对自组织系统的影响等问题。建立在与环境发生物质、能量交换关系基础上的结构即为耗散结构，例如都市生态圈、个体生命体等。

协同学理论主要研究系统内部各要素之间的协同机制，认为系统各要素之间的协同是自组织过程的基础，系统内各序参量之间的竞争和协同作用是系统产生新结构的直接根源。

第 3 节　应对社会系统复杂性的科学方法

根据上一节对系统的定义，可以把系统分为简单系统、复杂系统、复杂巨系统三个层次。

针对简单系统的模拟研究可以使用传统的系统模拟方法，分为离散系统模拟与连续系统模拟。在本书第三章、第四章和第五章将详细介绍。

而对于复杂系统和复杂巨系统的研究，则需要建立应对系统复杂性的模型。一般认为只有复杂才能应对复杂。本书中对于复杂系统使用竞争性实验方法来进行研究。

一般情况下，对于复杂的社会问题，不方便甚至不可能采用试验的方式进行分析和研究。那么通过系统分析、简化、抽象、建模来进行研究，就是一种可行的方式。

社会科学的研究范畴涉及全社会的各个领域。社会包含组成它的物理系统和人类系统，其中社会的变化很大程度上决定于人类系统，甚至于会受人类系统中每个人的行为的影响，这就是社会问题具有复杂性和不可重复性的根本原因。也正因为社会系统的复杂性，对社会问题的研究十分困难，也难以对某一问题形成自然科学中那种学术的共识。如何解决呢？可以放弃“纸上谈兵”的研究方法，来场对抗性实验，更有利于使大家心服口服。

当实践证明的条件还不成熟时，逻辑推理和数学演绎对于说明某种理论的合理性就是重要的。可能合理和正确的理论必须经得起逻辑推理和数学演绎。逻辑推理和数学演绎可能不足以证明一种理论，但推翻它往往足矣。

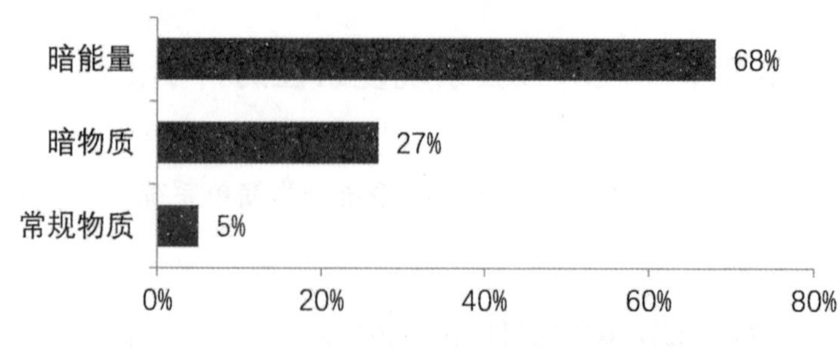

图 1.5　宇宙组成设想图

天文学家、宇宙科学家费尽心机对我们的宇宙进行探索，已初步获得宇宙饼图。目前为止，我们对暗物质、暗能量一无所知，却自然而然地用现在已有的物质能力理论来对他们进行描述和研究。这和古代令人发笑的日心说等有无本质区别？

但是，科学的研究过程就是这样的，在探索的过程中，我们不怕犯错，只为了能向那终极真理靠近一点点。所以，对于复杂系统的模拟研究也是这样，在一次次不停地试错中逐渐找到最优的分析思路和方法。

第 2 章　社会管理系统模拟概述

第 1 节　模型与模拟

模拟关乎生活的各个方面。小到做游戏、物理演算，大到航空动力学模型、宇宙模型、商战博弈推演等，都是模拟活动。“元宇宙”的概念就可以视为一种模拟技术发展到极致的愿景。任何科学实验都可以视为“模拟”。模拟是人类生存和进步不可或缺的手段。

无论是哪种模拟，都要有对应的模型，可以是数学模型，也可以是物理模型。由于计算机软件技术的跨越式发展，基于计算机模型的模拟方法越来越成为解决模拟问题的主要途径。

本书将介绍一些模拟现实世界对象活动的方法，并进一步对现实世界问题的解决提供决策支持。为了能够对系统进行充分的模拟研究，就需要构造一系列的假设并构建相应的模型。这些模型通常由各种相互关联的数学和逻辑表达式所构成，基于计算机来进行构建与运行，表现了系统运作的规律。

2.1.1　系统与模型

系统，即一系列具有行为能力并相互作用以达到某个特定目的的实体的集合。例如，对于银行营业厅系统，如果只考虑柜台业务，就可以得到一个子系统。同时，其后台的内部运作和管理也可以视为多个子系统。进一步讲，系统的状态可定义为在特定时刻可以用来描述系统的变量的集合。例如，银行营业厅系统中，某个时刻正在处理业务的窗口数、在营业厅内的客户总数、每个客户到达营业厅的时间等，都可以视为描述系统状态的变量。

可以把系统简单分为离散系统和连续系统。离散系统中，系统变量是在离散的节点发生变化。例如，医院系统，其中的系统变量（如就诊的人数等）是在有人到达或离开的时刻才会发生变化。而在连续系统中，系统变量是连续不断变化的。例如，汽车行驶系统。在实际应用中，极少系统是完全离散或连续的。但一般来说，由于分析的角度不同以及系统本身的特性，总是有某一种特性占主导地位，可以据此将系统看作离散系统或是连续系统。

可以根据不同的需求对系统进行不同的研究。根据所采用的研究方法的不同，可以对系统进行如图 2.1 所示的分类。

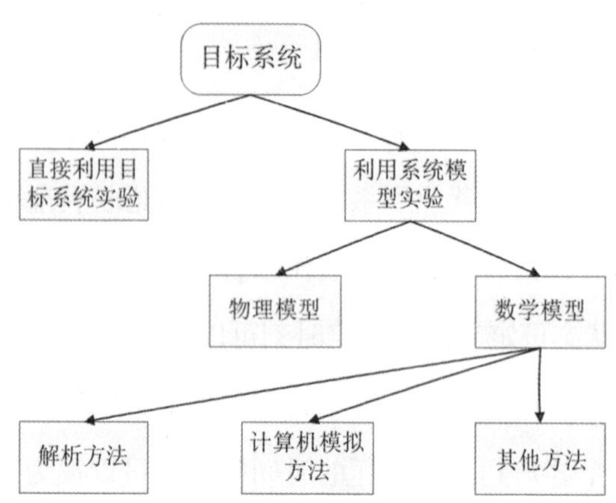

图 2.1　研究系统的不同方法

对于上述不同类别的系统，所采用的实验方法也有所不同。

一、利用现实系统进行实验与利用系统模型进行实验

在实际项目中，如果构建实际的系统并对之进行参数调整和设置的成本并不高，则可以考虑直接利用现实系统进行实验，而无须建立任何模型。这实际上也是最可靠的研究方法。但是，现实中这种情况非常少见，因为如此简单的问题往往不需要进行大规模研究就能解决。现在所需要解决的问题，常常成本非常高，而且如果在问题还没在分析清楚之前就对实际系统贸然进行参数调整和设置会造成不可预料的危险。例如，在国家管理政策方针中，任何一项微小的调整都可能造成非常大而且复杂的影响，是不可能贸然进行调整实验的。而且，在很多情况下，实际系统还不存在，根本无从进行实验。例如，某个核电站的设计，事先没有存在的系统，也不可能在充分研究之前就随便通过启动核装置来看是否运行正常。因此，采用模型几乎是必然的方式。但是，一旦采用了模型，无论是物理模型还是数学模型等，都不可避免地面临着模型有效性的问题，即所建立的模型是否可以有效表示所研究的系统，这就需要进行“验证”。

二、物理模型与数学模型

模型最早指物理模型，例如汽车碰撞试验模型、大桥力学架构模型等。随着计算机技术的高速发展，物理模型逐渐转变为计算机系统中运行的“虚拟”模型，而这些虚拟模型构建的基础是数学模型。本书所着眼的社会管理系统问题一般很难建立相应的物理模型，或者建立物理模型是非常不经济的。例如，银行系统的运作以及仓库库存管理问题等就不适合建立物理模型。因此，合适的数学模型得到了更为广泛的应用，即通过逻辑与定量的表达式来表示系统的实际情况以及运作流程，并通过对参数和关键变量的控制，根据数学模型的输出变化来进行研究。例如，一个最为简单的模型可以是 $d=vt$，其中 v 为速率，t 为时间，则 d 就是在 t 时间内经过的距离。这个数学模型是描述日常生活中速率和距离关系的最为常用的模型。

三、解析方法与模拟方法

一旦建立起数学模型，就需要对之进行加工、处理、变换等，以得到满足某些条件的解。这种方法称为解析方法，在要解决的问题和模型能够使用数学形式描述的情况下是非常有效的。例如，利用数学模型 $C=vt$，如果得到距离 C 和时间 t，就可以通过变换得到 $v=C/t$ 来计算速率。随着现代数学工具和数组分析方法的发展，很多问题和模型都可以通过解析方法来求解，例如采用开普勒定理来解决天体运动的问题，采用麦克斯韦方程组来解决电磁问题，等等。在现代科学的发展中，解析方法起到基础性作用。但是，仍然存在大量问题无法通过解析方法来进行求解。例如，医院就诊问题看似简单，却无法采用解析方法来求解。对于这些复杂问题，可以采用模拟方法，通过对模型的大量输入，得到大量输出结果，并采用统计方法进行分析，从而得到满意的解。这个过程中不需要进行模型变换，因此也就避免了无法得到显式表达式的问题。

2.1.2 模拟模型的分类

根据所采用的工具和方法的不同，可以从三个角度对模拟模型进行分类。

一、静态模拟模型与动态模拟模型

静态模拟模型是对实际系统在某个时刻的表示，或者是对于该系统而言，时间的变化可以忽略不计。动态模拟模型表示系统的特征变量会随着时间的变化而变化，如业务排队系统。

二、确定模拟模型与随机模拟模型

如果模型不包括任何不确定性的部分，则称为确定模拟模型。例如，一组描述化学反应的微分方程组就是确定模拟模型。在确定模拟模型中，系统的输入和输出都是确定的，且模型的所有逻辑和定量表达都是确定的。但是，现实世界中很多的问题都具有不确定性，因此在建立模型的时候需要对一些具有随机性的部分进行建模。例如，对于银行系统，不可能要求客户的到达以及要求服务的时间都是确定的。在管理问题中，随机模型大量存在，如库存管理、市场销售、产品制造等。由于随机性的广泛存在，使得对于许多问题无法建立有效的确定模型（否则会造成大量的信息扭曲，从而使得模型失真）。随机模拟模型就是用来处理这种随机性系统的。而正是由于随机性的广泛存在，才使得模拟方法得到发展，并得到广阔的应用空间。

三、连续模拟模型和离散模拟模型

对一个系统究竟是建立连续模拟模型还是离散模拟模型，更多是要看研究的侧重点是什么。例如，对于人口普查系统而言，人口的出生和死亡都是离散的。但是对于普查系统的研究，一般假设时间和空间在一个较大的范围内，所以很多时候都是建立连续模拟模型进行分析研究。

第 2 节　模拟方法概述

模拟的手段和工具包括最原始的手工模拟与半手工模拟、通用语言编程模拟、模拟语言模拟以及模拟软件等，以下分别介绍。

2.2.1　手工模拟与半手工模拟

手工多次模拟的结果往往具有不确定性，为了使结果可信，要进行大量的重复试验。例如，测定值的蒲丰掷针实验。

蒲丰掷针实验是在 1733 年，由法国人蒲丰（Buffon）提出的。如图 2.2 所示，他在一张画满间距为 d 的平行线的白纸上投掷一枚长度为 l 的针，其中 $d \geqslant l$，则针会压到线的概率为 $p=2l/\pi d$。通过多次这样的试验，由 p 的观测值就可以得到 π 的估测值。

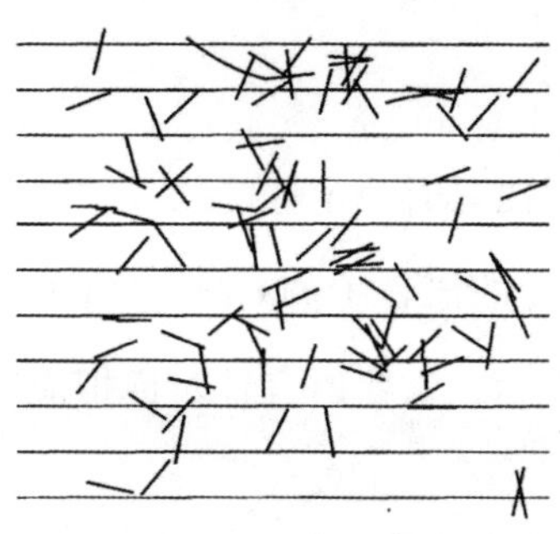

图 2.2　蒲丰掷针实验

这个模拟实验的精髓包括：

①需要估计的对象 π 很难通过简单的研究方法得到，特别是在 18 世纪。

②通过该实验可以很直观地发现，实验次数 n 越大，偏差 n 越小，结

果越可信。

③通过该实验估测到的结果并不精确，必须经过一系列实验，直到所得到的偏差控制到足够小，此时所确定的投掷次数 n 才是合理的需要进行的实验次数。

蒲丰掷针实验是现代模拟技术的雏形。借助计算机来模拟现实环境，在数字环境下进行手工模拟，也称为半手工模拟。而使用通用语言编程模拟则是将模拟步骤通过编程来自动实现。可以看出，这些模拟方法都沿用了蒲丰实验的思想原理。

2.2.2 通用语言编程模拟

随着计算机的出现，可以使用代码程序实现对事件的定义、处理、跟踪以及统计分析，使模拟方法的灵活性和适用性大大加强。当然，大量的代码编写和修改工作使得计算机模拟十分复杂，在模拟复杂系统问题时尤其如此。

2.2.3 专用模拟语言

因为模拟问题基本思路具有一定程度的一致性，在 20 世纪 70 年代，一些专门为模拟工作开发的语言（如 GPSS、SIMSCRIPT 和 SLAM 等）涌现出来。对于模拟工作而言，这些语言针对模拟应用开发，更具有操作便利性。

同时，电子表格软件（如 Excel 等）也可用于模拟实验研究。由于电子表格十分直观和易于掌握，因此多被用来处理静态模型或者简单动态模型，如金融规划等。

2.2.4　模拟软件

专业模拟软件是将一些模拟建模元素和过程标准化，且封装在若干部件中，并采用可视化技术，具有非常直观的图形用户界面，构建了完整的模型开发、运行环境，并能提供相关的数据分析功能。例如，各类电子游戏中所集成的场景设计模块就是一种应用模型模拟软件。

现有的模拟软件分为两类：通用型模拟软件和专用型模拟软件。通用型模拟软件可以用于多种应用的开发，对于不同的应用，需要采用相同的构件进行进一步组装。专用型模拟软件则是面向特定的应用，如制造系统、医疗系统等，并分别提供专门的功能构件，易于相应的应用系统的建模和分析。

第 3 节　计算机模拟概述

2.3.1　计算机模拟

描述系统问题的数学和逻辑表达式如果足够简单，可以直接应用解析方法予以解决。简单并不一定表示系统小，例如，对于天体运动这样时空范围极大的系统，如果只是关心其运行轨道，则可将其视为质点，用开普勒定理计算就可以了。

但是，在现实世界中许多看似简单的系统问题却无法直接采用解析方法进行分析。例如，最为简单的服务台排队问题：设有一个邮局营业厅，每天营业时间从 9：00 到 17：00，一共在 7 个营业窗口经营常规的邮政业务。对于这样一个日常生活中常见的简单业务系统，如果通过解析方法来建模并回答如下问题，大多数人可能会束手无策：

“邮局每天客户排队的平均队长是多少？”

“每个客户的平均等候时间是多少？”

“造成客户流失的主要原因有哪些？”

以上问题只是一个邮局日常运作管理中的一些简单问题而已，就已经无法采用解析数学方法来分析了。因为解析方法要求的信息是确定的，并能够进行数学推导。对于以上问题来说，似乎只需要用加减法就可以，但客户究竟什么时间到达营业厅？每个人所需办理的业务是什么？需要多长时间？客户来了之后会排哪个队伍？排多长时间？……这些都是不确定的，而且问题之间相互影响，是很难通过解析公式进行计算的。

在实际生活中需要解决的问题的复杂性远远超过以上简例，例如，随机库存管理、制造车间的管理、金融系统的风险控制等。这些系统问题具有以下特点：

大量的变量；

变量之间的复杂相关性；

大量的不确定性。

现实社会系统的这些特点，导致难以直接采用解析方法进行分析，而计算机模拟方法则可以用来处理这类问题。包括：

- 金融机构，包括各种各样的顾客、服务台以及设备，如服务窗口、ATM 机、取号机等；
- 工厂，包括生产车间、销售点、仓库等；
- 医院，包括护士、医生、房间、设备、材料等；
- 商场，包括库存控制、收银以及商品等；
- 公园，包括商店、工作人员、游客、游戏设备以及停车场等。

用计算机模拟方法来处理以上这些现实系统，可以在该系统尚未建立前，就对之进行评估、检查和优化。

21 世纪以来，由于计算机技术尤其是人工智能科学的飞跃式发展，使得基于计算机系统来模拟大规模复杂系统成为可能。

2.3.2　计算机模拟方法的发展历程

计算机模拟技术的发展分为以下五个阶段。

一、早期试验（20 世纪 50 年代—60 年代）

最早的模拟技术使用大型机进行运算，专业技术人员才能使用。模拟用户通常是一些超大型企业。模拟团队大多具有统计和模拟的专业背景。模型的运算成本高昂且运行效率比较低。

二、发展应用（20 世纪 70 年代—80 年代）

随着计算机高速发展，模拟软件也随之改善，但是仍需要专门的模拟语言。主要是应用于大型企业或工程。例如，在汽车制造业中，在大规模需求的生产线出故障时，则进行系统模拟来分析问题，从而找出造成问题的瓶颈所在。通常此时问题已经发生，模拟有助于发现问题，但无法预防问题的发生。

三、普及提高（20 世纪 80 年代—90 年代）

随着微型计算机的发展，桌面系统软件图形化，模拟的思路被普遍接受。模拟技术的应用逐渐扩展到一般的“商业流程”。已经有不少用户在系统真正实施前应用模拟技术进行决策支持。例如，在进行大规模投资之前采用模拟方法进行需求分析。不过，由于成本仍较高，在小型企业中应用得相对较少。

四、成熟推广（20 世纪 90 年代至今）

计算机技术的高速发展以及模拟工具的不断开发，使得模拟技术逐渐成熟起来，许多小型企业也将之应用于公司决策中。

而且，其更好的动画效果、易用性、与其他软件的良好整合，以及各种应用软件的涌现，都使得模拟技术逐渐成为许多公司的标准工具。这个阶段，模拟技术还可以在需要时进行实时控制，这就需要提供一个实时的模拟环境而且迅速做出分析及决策响应。

五、未来展望

随着模拟软件产品的发展，分析人员可以更加容易地构建模型，更加方便地为企业定制特定环境下的模拟产品。此外，还会出现大量的专门模拟软件，这些工具将具备为特定的系统处理模型和系统行为的能力。关于模拟方法前沿的研究主要从两个方向展开，一个方向是着眼于复杂系统的设计，另一个方向是使用模拟技术来进行系统控制，这就需要模拟模型能够不断更新和自我反馈。

2.3.3 计算机模拟的步骤

本节将简要介绍计算机模拟的具体过程。图 2.3 给出了一个典型的模拟研究所需要遵循的步骤。下面就对模拟步骤进行具体介绍。

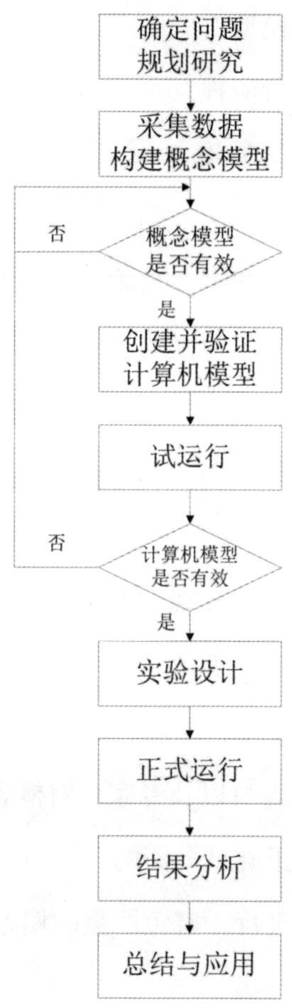

图 2.3　系统模拟的步骤

1. 确定问题与规划研究

①由相关责任人描述问题。

②与管理者、模拟分析人员以及专家深入讨论如下内容：

- 工作目标；
- 需要解答的具体问题；
- 系统性能指标体系；
- 系统的配置信息。

2. 收集数据构建概念模型

①分析系统架构及运行流程。

②收集数据，确定模型参数。

③构建概念模型。

④收集已有系统的性能数据，为验证模型有效性做准备。

⑤根据以下的标准来确定建模的细节水平：

- 工作目标；
- 数据可获得性；
- 时间与财力的约束。

⑥模型中的对象并不一定和现实系统中的对象一一对应。

⑦保持与核心管理人员全面沟通。

3. 概念模型是否有效

需要主管人员、分析人员以及专家，对概念模型彻底和全面地评估：

- 确认模型的假设是正确且全面的；
- 在计算机建模之前进行，避免严重的偏差影响后续工作。

4. 创建并验证计算机模型

5. 验证模型有效性，对模型进行试运行

6. 计算机模型是否有效

①如果存在实际系统，则将模型的输出结果和实际系统进行比较。

②主管人员和专家对模型输出结果的正确性进行评估。

③对模型中的要素进行敏感性分析。

7. 实验设计

设定实验的不同配置，并确定以下实验参数：

- 每次运行的长度；

● 采用不同随机数的独立模拟实验次数——确保构建有效的置信区间。

8. 正式运行，并收集所需要的性能参数的输出数据

9. 结果分析

需要关注以下几个目标：

● 确定特定系统配置下的性能数据；

● 对不同系统配置的输出结果进行比较。

10. 总结与应用

①对模拟模型的相关数据进行归档。

②对本次研究的结果进行演示。

③将有效且可靠的结果应用到决策支持中。

以上给出了一个总框架，对于概念模型的建立，需要根据实际问题背景、研究目标以及所掌握的工具等进行综合分析。以下是一些建模的基本原则：

①真实性：真实反映问题，全面考虑问题所涉及的因素。

②目的性：仅考虑与研究目标相关的特征。

③清晰性：清楚地表明系统各要素之间的内在联系。

④继承和创新相结合：在前人的基础上建模。

⑤经济性：根据经济情况确定模型复杂程度。在满足精度要求下，越简单越好。

⑥适应性：在建立模型时考虑将来不断改进、完善的需求。

2.3.4　计算机模拟的特点

计算机模拟具有以下几个特点：

1. 复杂的真实社会系统难以准确地用数学模型描述并得到解析，此时

计算机模拟是一种有效选择。

2. 计算机模拟是有别于正式系统的小成本实验。现实世界中有许多实验难以采用物理模拟来实现，如核工程实验、宏观经济运行实验等。因此有了性价比很高的计算机模拟，才可以无风险地以极低的成本进行模拟。

3. 计算机模拟可采用计算机参数来模拟问题背景。比如蒲丰实验，物理模拟的难度大，环境很难严格控制，扰动因素也难以剔除。但是，利用计算机就可以通过环境变量构造出类似的数字环境，从而进行稳定的模拟。这样带来两方面的结果，一方面，计算机系统的灵活性使得各种各样的极端或特定的问题背景可以以数字化形式在计算机系统中再现；另一方面，必须对现实问题进行提炼才能得到有效模拟的环境参数。因此，就存在数字化模型建立过程中的模拟“失真”问题，即所提炼的参数不一定能有效模拟实际问题。

计算机模拟技术的优势在于，随着计算机技术的高速发展，其可以以相对物理模拟来说极低的成本对目标系统进行模拟建模。而不必像解析方法或物理模型那样，需要对复杂问题进行大规模的简化。这种简化过程可能会忽略问题的关键因素而得到错误的结果。

当然，模拟技术也存在弱点。首先，模拟方法无法直接得到想要的答案。模拟实验仅仅是获得一些输入 / 输出数据，必须在模拟中进行合理的统计分析。如果对于输入数据的质量不能很好地控制，可能会造成无效输入 / 输出。利用统计分析技术，可以有效控制模拟次数和结果的精度水平。蒲丰掷针实验要经过足够多的实验，才能得到稳定的结果。而在计算机环境中可以方便地构造大量独立的模拟以对误差进行控制。随机模拟方法在控制误差方面产生了一些成熟的方法，如噪声控制方法、顺序采样技术等。

但是，如果模拟方法没有得到合理使用，也会带来一些潜在风险。可能造成模拟项目失败的原因有：

- 模拟研究开始时，没有一个合适的目标集合；
- 模型的细节设定不合适；
- 没有与管理者进行全面沟通；
- 模拟人员缺乏对模拟方法论和统计知识的理解；
- 没有有效地采集数据；
- 对系统问题复杂性缺乏充分的理解；
- 没有进行足够次数的模拟运行，就确定最终答案等。

同时，虽然模拟模型会比真实的运作节省很多成本，但是开发一个合适的模拟模型并不容易，尤其是对于复杂问题来说。因此，在应用模拟方法前需要仔细评估。

注意，模拟方法由于其直观性，会使用户更倾向于相信模拟的结果，而不愿去进行数理解析。但是许多模拟结果只是一个真实结果的逼近值。因此，在模拟分析的同时，有必要进行理论分析作为辅助研究。

小结

本章对系统模拟方法进行了简要的介绍，指出模拟方法与传统解析方法的不同。在现实系统十分复杂，采用数学解析模型难以进行有效求解时，可采用模拟方法应对问题。计算机模拟是目前研究和应用的主流。系统模拟的开发过程是一个复杂的工程，成功的模拟项目的关键不仅仅在于技术，也在于模拟项目管理的科学性。最后，在充分利用模拟方法优势时，也应正视模拟方法本身的一些缺点。

第 3 章　统计模拟——蒙特卡罗方法

本章针对简单的随机静态系统进行说明，介绍一种经典的统计模拟方法——蒙特卡罗方法。

第 1 节　蒙特卡罗方法的思路

蒙特卡罗方法（Monte Carlo method）也被称为统计模拟方法，是在 20 世纪 40 年代中期，由于科学技术的发展和计算机的发明而提出的一种以概率统计理论为指导的数值计算方法。

蒙特卡罗方法在金融工程学、宏观经济学、计算物理学等领域应用广泛。该方法的基本思路是，当所求解问题是某种随机事件出现的概率，或者是某个随机变量的期望值时，通过某种实验方法，以这种事件出现的频率估计这一随机事件的概率，或者得到这个随机变量的某些数字特征，并将其作为问题的解。

假设要计算一个不规则图形的面积，那么图形的不规则程度和解析性计算的复杂程度是成正比的。蒙特卡罗方法的计算过程如下，假设你有一袋豆子，把豆子均匀地朝这个图形上撒，然后数这个图形之中有多少颗豆子，用豆子的数目表示图形的面积。当你的豆子越小，撒得越多的时候，结果就越精确。这里假定豆子都在一个平面上，相互之间没有重叠。这样，任何复杂的图形面积都可以计算。而解析方法则更为擅长精确处理那些有规律的图形，如多边形、三角形和圆形等。

在解决实际问题的时候，蒙特卡罗方法主要有三部分工作：

①蒙特卡罗方法需要产生各种概率分布的随机变量。

②用统计方法估计模型的数字特征，从而得到实际问题的数值解。

③用统计分析工具评估结果。

第 2 节　蒙特卡罗方法的特点

通过分析可知，蒙特卡罗模拟方法有以下一些特点：

①蒙特卡罗方法的方法论具有一般性，适用情况非常广泛，特别是在处理复杂问题中，也可以得到有效的使用。

②蒙特卡罗方法的基础是随机采样，即使问题不存在随机性，也可将之转化为随机性问题来处理。这种思路非常有创新性。在分子生物学、经济学、计算数学等很多领域，这种思路得到了越来越多的重视。

③后文所述的离散事件模拟方法使用的也是蒙特卡罗方法的基本思路，只不过更为复杂，而且是应用到随机动态离散系统上而已。

④蒙特卡罗方法为无法建立解析模型的复杂问题提供了一个可行的、理论上能达到任何精度的工程化方法。

⑤蒙特卡罗方法使用时要注意对随机性的控制。因此，合适的统计分析技术是确保蒙特卡罗方法切实有效的必要且关键的要素。另外，如何产

生随机数也是一个关键，随机数的质量直接关系到模拟结果的质量。

第 3 节　蒙特卡罗方法的应用

本节中，将通过一些具体的例子来说明如何使用蒙特卡罗方法有效地解决问题。为了便于进行手工模拟计算，采用 Excel 作为辅助工具。

3.3.1　单位圆面积计算

公式 $S_{圆}=\pi r^2$ 可以计算圆面积，其中 π 是计算圆面积的关键。一般取 π=3.1415926 就足够满足日常计算的需要。基于计算机的强大计算能力，现在可以以非常高的精度得到 π 的数值。但是，对于大多数人来说，如何通过计算得到 π 的值，仍然不是一个简单的问题。

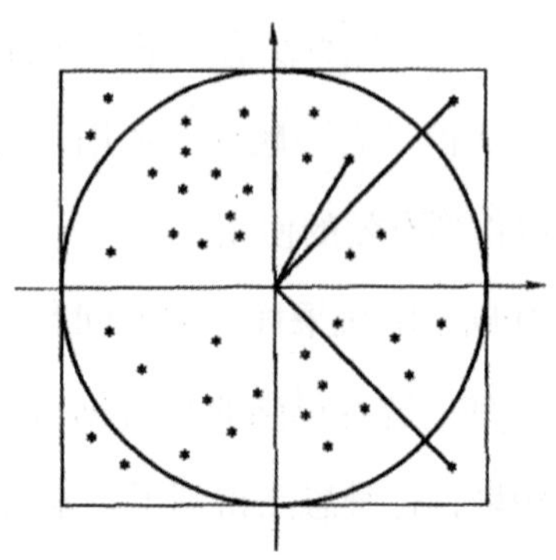

图 3.1　利用蒙特卡罗方法来求解圆的面积

如果使用蒙特卡罗方法，就可以避开 π 值来获得圆的面积。例如，给定如图 3.1 所示的半径为 1 的单位圆形，圆心是坐标系原点。利用蒙特卡罗方法求解圆面积的基本思路如下：

1. 如图 3.1 所示，对要计算的图形构造一个外接正方形，其面积为 $S_{方}=(2r)^2=4$。

2. 在此正方形中随机采样 $N_{方}$ 个点，则显然部分落在圆形内，部分落在外面。如果点的坐标为（x，y），可以通过以下不等式来判断是否落在圆内：

$$x^2+y^2 \leqslant 1$$

如果采样点的个数 $N_{方}$ 非常大，能够密密麻麻地将整个正方形覆盖，则可以认为落在圆形里面的点的个数 $N_{圆}$ 与 $N_{方}$ 的比例应该非常接近圆形面积与方形面积的比值。采样点个数越多，这个比例就越接近。

3. 因此，可以得到如下的近似表达式：

$$S_{圆}/S_{方} \approx N_{圆}/N_{方}$$

4. 经过计算，可以得到圆的计算表达式：

$$S_{圆} \approx S_{方} \times N_{圆}/N_{方}$$

上述过程的特点如下：首先，这种随机采样取点的方法更为直观——并不是每个人都能直观地观察出圆面积与半径的平方成正比。更进一步，如果将如何得到 π 值的过程一并考虑，那么利用蒙特卡罗方法计算圆面积的过程在数学计算上更为简单，因为不需要关心如何得到 π 值，只需取点计数，并进行简单的乘除计算就可以了。

但是，上述方法也有不足。首先，计算结果并不精确，而且在 $N_{方}$ 很小的时候，误差会非常大。要控制精度，就需要进一步采用统计分析方法。而且，利用公式 $S_{圆}=\pi r^2$ 只需进行一步计算，如果认为其计算复杂度为 $O(1)$，那么蒙特卡罗采样方法的计算复杂度就是 $O(N)$，而且 N 会相当大。而实际上，精度控制问题和大计算量问题，从一开始就是制约蒙特卡罗方法以及模拟方法得到广泛应用的主要原因。随着统计分析方法的不断成熟，控制精度的方法也随之成熟。而大计算量，在高性能计算机的帮助下，也不再是问题。

下面就利用 Excel 的随机数生成功能以及函数公式的计算功能，来模拟上述的随机采样过程。

首先，利用 Excel 中的“=RAND（）”函数公式可以得到一个计算机产生的均匀分布在 [–1，1] 区间内的随机数。分别在两个单元格中输入“=RAND（）”公式，得到两个 [–1，1] 区间内的随机数，就可以将之视为一个点的坐标。由于要计算的单位圆的外界正方形在 x 与 y 轴上的上下界都是 [–1，1]，因此，可以通过以下公式进行转换：

x=2* RAND（）–1（设该函数公式所在的单元格为 B13）

y=2*RAND（）–1（设该函数公式所在的单元格为 C13）

这样，就构造了一个在正方形中的随机采样点。然后，可以通过下式计算得到该点与原点的距离（的平方）：

$x^2+y^2=B13^2+C13^2$（设该函数公式所在的单元格为 D13）

然后，通过以下公式来判断该点是否落在圆形内：

=1F（D13 ≤ 1，1，0）（设该函数公式所在的单元格为 E13）

此表达式的返回值为 1，当满足 D13 ≤ 1 时，即落在圆形内；否则返回值为 0。

现在，就得到了一个采样点的结果。接下来如果复制上述所有单元格，并复制 $N_{方}$个，例如，$N_{方}$=100，则等于进行了 100 次采样。然后可以将所有对应于 E13 单元格内的 100 个返回值累加，得到的就是 $N_{圆}$。显然，$S_{方}$=4。这样，就得到计算圆面积所需的所有参数，可以计算得到圆面积的近似值。图 3.2 给出了在 Excel 中进行模拟运算的图像。

	x	y	x^2+y^2	是否在圆形中
13	-0.553970053	0.37425934	0.446952873	1
14	-0.588056256	-0.825754489	1.027680637	0
15	0.272679305	-0.359604616	0.203669483	1
16	0.070798024	-0.71754791	0.519887363	1
17	-0.942446621	0.151338283	0.911108909	1
18	0.385633416	0.924784073	1.003938713	0
19	-0.166965682	-0.233057168	0.082193182	1
20	-0.847437925	0.112062936	0.730709138	1
21	-0.974194525	0.239183427	1.006263685	0
22	0.206945761	-0.448173485	0.243686021	1
23	-0.607066963	-0.750491708	0.9317681	1
24	0.057364164	-0.788624522	0.625219284	1
25	0.039070202	-0.677111988	0.460007125	1
26	0.550935722	-0.293245885	0.389523319	1
27	0.653646584	-0.52823776	0.706288987	1
28	-0.026825199	0.91773751	0.842961729	1
29	0.881717981	-0.396054805	0.934286007	1
30	-0.355124053	0.55234168	0.431194424	1
31	-0.410793167	0.355645552	0.295234785	1
32	0.867530145	-0.725894304	1.279531093	0
33	0.815451228	0.148849914	0.687117001	1
34	0.138507229	0.080733281	0.025702115	1
35	-0.976772532	0.607379389	1.322994301	0

图 3.2　基于 Excel 应用蒙特卡罗方法计算圆面积

图 3.2 中，仅仅采样了 100 个点，计算结果为 3.26，与理论值误差较大。采样点 10^N，随着 N 的增加，计算圆面积的结果不断振荡，振荡的幅度逐渐下降，并收敛于理论值 π 附近。

计算圆面积的过程充分体现了蒙特卡罗模拟方法的价值和特点：简单的计算公式和大量的采样。Excel 只适合进行较少次数的采样模拟。要进行大量次数的采样，则需要采用编程语言来实现。

3.3.2　正弦函数定积分

对正弦函数定积分 $\int_0^{\pi} \sin x dx$ 进行求解，可以采用上一节的思路进行分析。假设二维积分图形及其周围均匀分布着无数个点，设法分别求出对应的矩形（即高为 1，宽为 π）内和积分面积内的点的个数 N 和 I，就可以利用下式求得积分面积。

$$\frac{S_g}{S}=\frac{\int_0^{\pi}\sin xdx}{1\times(\pi-0)}=\frac{1}{N}，即\int_0^{\pi}\sin xdx=\pi\frac{1}{N}$$

之后同样利用 Excel 在对应的矩形中均匀采点计数，并进行计算。

对于此例来说，生成 $1\times\pi$ 的矩形中的随机采样点的坐标（x，y）。对于纵坐标，利用函数“=RAND（ ）”得到 [0，1] 区间的随机数。对于横坐标，利用“=PI（ ）”函数来返回 π 值以得到 [0，1] 区间的随机数。这样，即可以生成所需的矩形中的一个点：

x=RAND（ ）×PI（ ）

y=RAND（ ）

反复生成坐标点，判断每个点是否在积分曲线之下。得到每个点判断的 Yes/No 值。Yes 则可为 I 值加 1。而所有的点都是落在此矩形中，因此总共生成的点的个数即为 N 值。

生成的点越多，得到的结果就越逼近准确值。同时，影响到结果精度的因素除了采样点的个数，还有一个就是随机数生成函数“=RAND( )”的质量，即这个函数是否能够生成 [0，1] 区间内的均匀分布的真随机数。

3.3.3 零售商问题

设小李卖杂志。每天清晨，从发行商那里订购固定数量为 q 的杂志，每份杂志进价 c=0.55 元，并以售价 r =1 元出售。一段时间后，小李意识到杂志每天的需求量 D 近似一个正态分布的随机变量，其均值 μ = 135.7，标准差 σ =27.1，因此 D = max（[X]，0），这里 [X] 表示对 X 进行四舍五入到最近的整数。同时，小李还发现每天的杂志需求量之间无相关性。

这样，如果某天的需求量 D 不超过 q，则小李可以满足顾客的需求，而且还剩下 q–$D\geqslant$ 0 份。这时，只能将剩余的杂志以每份价格 s =0.03 元当废品卖掉。但是，如果 $D>q$，则他即使卖光所有杂志，也会损失 D–$q>0$

份杂志的生意。统计每天的收益，小李希望自己的收入最大化，最理想的情况是每天的订购量正好和当天的需求量一样。但是由于每天的需求量是随机变化的，小李只能签订订购量固定的合同，因此不能每天改变订购量 q。所以，如何来确定订购数量 q 就非常重要。

本例中，讨论用蒙特卡罗方法采用 Excel 来模拟 30 天的销售，进行分析和解决问题。

首先，分析每天利润的计算公式。显然，每天的成本是 cq。如果 $D \leqslant q$，则小李可以满足所有顾客的需求，获得杂志销售收入 rD，并会由剩余的杂志获得卖废纸的收入 $s(q-D)$。如果 $D>q$，则小李的杂志销售收入为 rq。因此，小李一天的总收入为：

$$r \times \min(D, q) + S \times \max(q-D, 0)$$

小李每天的总利润为：

$$W(q) = r \times \min(D, q) + S \times \max(q-D, 0) - cq$$

将总利润写成自变量为 q 的函数，是因为要求解目标函数 W 在 q 取何值时能最大化。如果需求量 D 是确定性变量，则这是一个简单问题。但是由于 D 为随机变量，显然 $W(q)$ 也是一个随机变量，因此这是一个随机线性规划问题，其目标是要求得在 q 取何值时，能使得目标函数的期望值 $E(W(q))$ 最大化。但是，由于上述 $W(q)$ 的公式比较复杂，因此很难得到 $W(q)$ 的一个简单的理论解，也难以得到准确的 $E(W(q))$ 的表达式。

下面就结合 Excel 说明如何采用模拟方法为小李提供决策方案。

要进行模拟，首先要考虑如何生成每日需求量 $D=([X], 0)$，即需求值 D 的随机变量值。首先要生成 X 的随机变量值，即满足均值 $\mu = 135.7$、$\sigma = 27.1$ 的正态分布的数值。本例中，采用 Excel 内置的 NORMINV（probability, mean，standard_dev）函数来生成。其中参数 probability 为生成的满足正态分布随机变量的概率值，这里因为要产生满足正态分布的随机变量，因此，概率值就可以采用在 [0，1] 间随机分布的数值，即可以采用“RAND（）”函数来生成一个 [0，1] 区间内的任意随机数。参数 mean 表示该正态分布的均值，$\mu = 135.7$。参数 standard_ dev 表示该正态分布的标准差，$\sigma = 27.1$。

在 Excel 模拟中，首先将主要的参数：批发价格 c、零售价格 r、卖废纸价格 s、需求均值参数 μ 、需求标准差参数 σ ，分别列在单元格 B4，…，B8 中，D 列给出 30 天的序号，E 列为随机生成的每天需求量。之后分别给出在订货量 q 分别为 100、120、140、160 和 180 的情况下，每天的销售量（Sold）、卖废品量（Scrap）以及利润（Profit）。在模拟了每天的销售情况后，还给出了相应的每天利润的期望值和每天利润 95% 置信水平下的区间半宽。此外，还给出了在 30 天的模拟中利润为负的概率估计值。

然后，将可能的利润值进行分区，即从 [-40，100] 的区间等分为 8 个区间，每个区间长度为 20，计算出落在每个区间中的利润值个数，从而方便判断出不同订购量下，利润的分布情况。

下面对此模拟予以进一步说明，这是一个静态的模拟模型，首先，对最为关键的每天需求量（对应在第 E 列），可以通过以下的 Excel 公式进行求解：

=MAX（ROUND（NORMINV（RAND（），B6，B7），0），0）

其含义为，首先通过“RAND（）”函数随机产生一个 [0，1] 区间内的随机数，对应于某个任意选取的概率值。然后，通过“NORMINV（）”函数生成满足相应均值和标准差参数的正态分布的随机变量值。随后通过

"ROUND（ ）"函数求值并四舍五入到整数。最后通过 MAX 函数将可能产生的负数调整为 0。这样，就完成了生成一天的需求量的建模过程。同理，可以得到其余需求量。

利润的构成包括杂志销售收入和卖废纸收入。因此，在 Excel 表格中，分别对两者建立计算公式。对于订购量 q =100（即 H1）来说，单元格 F3 对应第一天的杂志销售量，其 Excel 公式为：

=MIN（$E3，H$1）

表示每日的销售量是订购量和需求量之间的最小值。

同样，卖废纸的收入，对于订购量 H1 来说，单元格 G3 对应第一天废纸销售量，其 Excel 公式为：

=MAX（H$1-$E3，0）

其含义为每天的订购量减去每天的杂志需求量与 G 之间的最大值。

接下来就可以根据杂志销售量和废纸销售量以及订购成本计算得到当天的利润。对于订购量 H1 来说，单元格 H3 对应第一天的利润，其 Excel 公式为：

=$B$4*F3+$B$5*G3-$B$3*H$1

上述 Excel 公式对应于前面所给出的利润计算公式。

完成了 q=100 的第一天的公式后，就可以将此公式复制并粘贴到其余各天对应的单元格，以及其余各个不同订购量的对应单元格中，这样就得到了整个模拟所需的基本数据。

但是每次的模拟结果都可以认为是一次单独采样的答案，并不具有代表性。因此，就需要进行相应的统计汇总和分析。在 30 天模拟的最下方，分别给出了对应不同订购量的 30 天模拟的每天利润的期望值和 95% 置信水平的置信区间的半宽。对于 q=100 的订购量，单元格 H34 对应其每天利润期望值，其 Excel 公式如下：

=AVERAGE（H3：H32）

对 H3–H32 的利润值求均值。单元格 H34 对应其 30 天的利润均值在 95% 置信水平下的置信区间半宽，公式如下：

=2.045*STDEV（H3：H32）/SQRT（COUNT（H3：H32））

其含义为 30 个独立的观测值的 t 检验自由度为 29，则 $t_{29,\ 0.95}$=2.045，“STDEV（）”函数返回的是这 30 个观测值的标准差，“COUNT（）”函数返回的是对 H4 到 H33 区域内的单元格进行计数的结果，上述 Excel 公式则为其 95% 置信水平的半宽计算公式。

在第 36 行，还计算了在 30 天的模拟中，利润为负的天数的比例。对应于 q=100，单元格 H36 的 Excel 公式如下：

=COUNTIF（H3：H32，“<0”）/COUNT（H3：H32）

其含义为对 H4–H33 区域中值小于 0 的单元格进行计数，并除以 H4 到 H33 区域中的单元格总数。

为了能更好地了解 30 天的利润的分布情况，还在第 38 到 46 行通过“COUNTIF（）”函数对落在不同取值区域（（–∞，–40]，（–40，–20]，（–20，0]，（0，20]，（20，40]，（40，60]，（60，80]，（80，100]）内的额度进行了记录。

这样，就得到了 5 个不同订购量设置下的模拟结果。就可以对之进行分析和比较，并选择出最优的订购量。请自己结合 Excel 来完成相关工作。

通过上述的模拟过程，可以得到以下的一些结论。

首先，虽然每天的需求量是随机的，但是经过对 30 天需求量的模拟，以及通过均值、置信区间等结果进行综合考虑，可以建议小李将订购量 q 选择为 140 左右，从而在现在的市场需求以及目前的杂志价格和废纸价格的情况下，使利润最大化。而且，通过置信区间来看，根据统计理论，目前的置信区间可能还偏大，可以通过进一步进行更多的模拟来减少置信区间的宽度。而且，q 的设置也不够精细。但是，即使这样，也已经能够得到一些有意义的结论。例如，最关键的一个结论就是，小李每天订购的杂志不能少于120张，不能多于160张。否则无论是损失的销售量还是过多浪费的杂志都会大幅度地造成利润的下降。

其次，对置信区间半宽进行仔细观察，可以发现 q 越高，利润的变化程度就越高。这说明小李面临的风险越大。风险越高意味着损失高和利润高的可能性都会越大。因此，如果要真正为小李给出决策支持，不仅仅要告诉他何种订购量下期望利润最高，还要告诉他相应的风险情况。如果小李是一个风险追逐者，则可能愿意订购更多的杂志。如果小李是个风险规避者，则会更倾向于订购较少的杂志。总之，小李要在风险和利润两者之间找到一个能够接受的平衡点。

以上问题的解决，充分呈现出模拟方法的特点。对于这一问题，可以采用解析方法解决，但是用到的数学方法相当复杂抽象。而模拟解决过程，非常直观且简单，学习过基本的概率与统计知识就可以轻松掌握。

小结

本章通过蒙特卡罗方法的应用，介绍了系统模拟方法解决问题的基本思路。通过蒙特卡罗方法，将所要解决的问题转化为随机采样问题，并基于相应统计分析来解决。相对于传统的解析方法而言，蒙特卡罗方法具有更为广泛的应用空间，特别是在对复杂问题的处理上更具有优势。在几个示例中，利用 Excel 这种常用的电子表格软件的函数和计算功能，就能进行对简单问题的模拟演算和分析。

可以将蒙特卡罗方法的思路直接引申为进行系统模拟的基本思路。即通过随机采样来求得大量可行解，通过不断重复实验来不断逼近满意解或最优解，最后通过统计分析和检验过程来控制解答的质量，并进一步用于决策支持。

第 4 章　离散系统模拟

简介

离散事件模拟是指所建立的系统模型中，状态变量在离散的节点发生变化。事件指的就是会引起系统状态发生变化的活动。例如，对于一个银行营业厅系统，相关的事件包括：早上开门、第 i 个客户到达、第 j 个客户开始办理业务、第 k 个客户办完业务、下班关门等。

排队问题是一个典型的离散事件。排队是人们生活、工作和学习中十分常见的现象。如在车站等车，进商场购物付款，乘电梯上下楼，到图书馆借书，去医院看病，到售票处购票，驾车通过收费站等，都需要排队等待。其中的乘客、读者、病人、司机都统称为顾客，而公共汽车、商场收银台、电梯、图书管理员、医生、售票员、收费站则为服务机构或服务台（员），由顾客和服务机构组成的系统叫排队系统。

由于顾客到达和服务时间的随机性，排队现象几乎是不可避免的。在排队系统中，总存在这样的矛盾，即顾客希望增加服务点，缩短排队时间，避免因排队而影响工作、生活。但过多的服务点，势必会增加投资或在空闲时造成浪费。排队论正是协调解决这一矛盾的科学理论。

这里看一个经典的例子。某个只有一位理发师的理发店的工作流程如下：

早上 9：00 开门营业，此时理发店内没有顾客，理发师为空闲状态。营业时，当一个新顾客到达，如果理发师空闲，则为该顾客理发；否则，该顾客需要在等候队列（queue）中排队，按先到先得的原则接受服务。当某个顾客理发完毕后离开理发店，则排在队列第一位的顾客接受照务，其他顾客以此类推。整个模型的逻辑结构如图 4.1 所示。

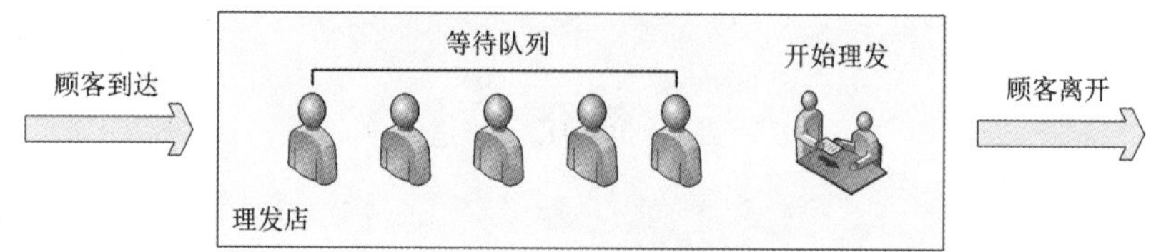

图 4.1　理发店系统

这是一个典型的排队系统（queue system）。许多更复杂的系统可以视为此类系统的组合。对于此问题，可以建立一个离散事件系统模拟模型，这个系统的状态只有在新顾客到达或有顾客离开时才会发生变化。

对于一个离散事件系统更为一般的表示方法如图 4.2 所示。

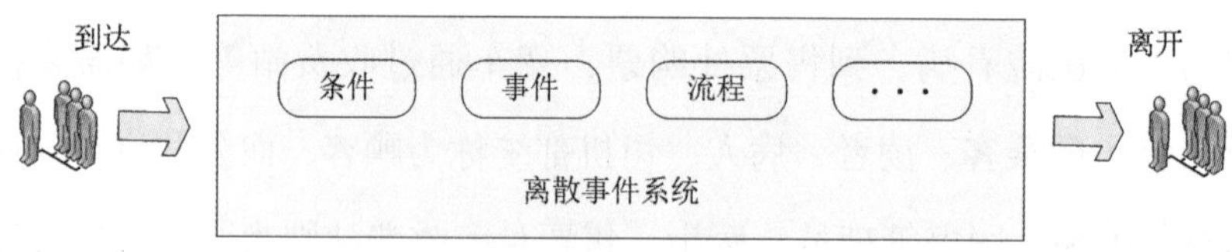

图 4.2　离散事件系统

此外，还需要指定系统模拟的起始和终止时间，也意味着要在此时间段内对此系统进行研究。如上述理发店案例中，系统从 9：00 开始，此时为系统的 0 时刻，此时系统内的顾客数为 0，而理发师也在空闲状态。

理发店离散系统模型，可能包括以下随机过程：

①顾客随机到达（假设为泊松过程）；

②顾客的理发服务时间也是随机的（假设服从指数分布）。

因此，需要确定到达时间间隔以及服务时间长度等数值。表 4.1 给出了顾客到达和顾客服务时间表，时间单位为分钟。表中数据为给定的假设数据。假定进行 20 分钟的模拟。

表 4.1　顾客到达和顾客服务时间表

顾客编号	达到时间	到达时间间隔	服务时间
1	0.00	1.73	2.90
2	1.73	1.35	1.76
3	3.08	0.71	3.39
4	3.79	0.62	4.52
5	4.41	14.28	4.46
6	18.69	0.70	4.36
7	19.39	15.52	2.07
8	34.91	3.15	3.36
9	38.06	1.76	2.37
10	39.82	1.00	5.38
11	40.82		

第 1 节　研究目标

针对以上问题，在进行模拟推演之前，需要确定对哪些输出结果进行评估和考虑，这直接关系到在模拟过程中要收集哪些数据，一般称为性能指标（performance measures）。对于理发店系统问题，需关注的性能指标如下。

（1）总产出

模拟时间内完成服务的顾客总数称为总产出。总产出越多越好。

（2）平均排队时间

模拟过程中进入理发店且完成排队过程的顾客的平均排队时间。排队时间不包括理发服务的时间。模拟结束时，没有结束排队的顾客不能纳入平均排队时间的计算中。因此，如果将第 i 个顾客的等待时间记为 WQ_i，在 20 分钟中设有 N 个顾客完成了排队，则其平均值为：

$$\frac{\sum_{i=0}^{N} WQ_i}{N}$$

由于第一个顾客是在 0 时刻到达理发店，而且当时理发师是在待命状态，所以 $WQ_1=0$。平均排队时间越小越好。

（3）最大排队时间

最大排队时间是整个系统运行极端状态的参数。通常作为对客户服务的保证水平。最大排队时间越小越好。其计算过程则是 $\max_{i=1}^{N}(WQ_i)$。

（4）平均队长

平均队长是描述队列中等待的顾客的平均个数，这里要考虑在理发店系统中的所有顾客。假设在 19 到 20 分钟系统模拟结束时，队列中仍有 2 个顾客在排队，则这 2 × 1 个顾客仍然应该纳入平均队长计算中。因此，以 $Q(t)$ 表示在某个节点的排队个数，则平均队长就是 $Q(t)$ 曲线下的面积除以 20 所得到的平均高度。公式为：

$$\frac{\int_0^{20} Q(t)\,dt}{20}$$

根据该指标，管理者可以评估店内需要预留多少等候座位。平均队长越小越好。

（5）最大队长

最大队长是描述在整个模拟过程中，队列中排队顾客最多时的人数。作为系统运行极端状态的参数。最大队长越小越好。

（6）平均停留时间和总停留时间

平均停留时间和总停留时间是针对顾客从进入理发店直到接受服务完

毕后离开的完整停留时间，是等候时间和服务时间的和，也称为周转时间（cycle time）。停留时间也是越小越好。

（7）利用率

理发师的利用率（utilization）是在整个模拟时间内理发师状态为忙的时间的比率。定义如下：

$$B(t)=\begin{cases}1，如果在 t 时刻服务\\0，如果在 t 时刻空闲\end{cases}$$

则利用率即为 $B(t)$ 所覆盖的面积除以模拟的时间长度：

$$\frac{\int_0^{20} B(t)dt}{20}$$

资源利用率是大多数模拟问题所关注的重要指标之一。但是很难简单定义越高越好还是越低越好。因为利用率越高往往意味着队列长度增加以及系统拥挤，顾客满意度下降。

进行模拟研究的目标，有时是希望能够找到使性能指标最优的系统配置方案，例如成本最小化或利用率最大化等。但是，不同性能指标的最优之间会产生冲突。例如，系统排队时间和队长性能的最优情况都为 0，但是这个时候往往意味着需要大量的投入。资源利用率最大时，往往意味着大量的排队时间。因此，如果都能够折算成成本，最好方案是希望能达成一个资源使用量的平衡点，即达到总成本最优。

以上给出了一些常用的指标和需要收集的数据。在具体问题中，可以根据需要选择指标。对于结果分析而言，收集的数据越多越好。但也要注意，过多的数据会增加计算量，影响系统运行。而系统模拟的目的就是要尽可能准确和全面地采集到这些指标数据，也就是系统模拟的输出结果。

第2节 分析方法

首先，在模拟之前，对上述问题进行基本的定性分析。可以计算出平均到达间隔时间为4.08分钟，而10次服务的平均服务时间为3.46分钟。从这个结果来看，理发店的服务效率足够高，好像不用排队。实际情况是，这样的分析过于简单化。因为每个顾客的到达时间和服务时间是随机的，因此，系统还是有可能产生排队甚至拥堵的情况。

进一步采用排队论的方法来分析，此问题是一个典型的M/M/1排队过程。其中，平均排队时间的计算公式为$\frac{\mu_S^2}{\mu_A-\mu_S}$，其中$\mu_A$为顾客到达时间间隔分布的期望值，$\mu_S$为服务时间分布的期望值，通常假设$\mu_A > \mu_S$，确保系统不会崩溃。可以利用此公式来计算此理发店模型的平均等候时间，得到：

$$3.46^2/(4.08-3.46)=19.31\text{（分钟）}$$

这里忽略了一个重要的前提假设——在长期稳定的运行状态下。首先，仅仅20分钟的运行，远远谈不上长期，而系统状态肯定也不总是稳定的。其次，μ_A和μ_S的估计值并不精确，因为模拟的时间和数据太少了。这会导致得到的均值估计并不一定能代表实际系统长期运作的均值，因此会造成结果的误差很大。最后，需要强调的是，该公式只是试图给出长期平均结果，而没能考虑到系统实时的变化。而对于理发店这种短期的系统运行，通常更在意的是系统实时的动态特征。

而模拟方法则能推演整个系统运行过程中的每个细节，以每个事件（如到达、开始服务、离开等）作为分析重点，对每个对象在不同时刻的状态变化进行跟踪和统计，从而能够准确地反映系统的实时动态特征。

第 3 节　离散系统模拟的基本概念

一、实体

绝大多数的系统都包括一些对象，称为实体（entity）。实体是模拟中的动态对象，它们通常需要被创建，并运行一段时间，再被处理，然后离开系统。当然，也可以根据需要将实体永久性地保留在系统中不断循环。

理发店系统模型的实体就是顾客。在顾客到达理发店系统时创建实体，并移动到队列中，然后获得理发师的服务，最后离开理发店系统。

系统中可以同时有多个不同类型的实体，每类实体也可以有多个个体。例如，如果需要将顾客分为男、女分别处理，就需要分别创建两类实体。有时，也可以根据需要创建对应着虚拟对象的实体。例如，可以创建一个代表“系统暂停”的实体，在某种条件下发送到相应的处理过程中以实现暂停系统运行的功能。

实际上，实体的创建可以非常灵活，任何对象都可以根据具体问题的需要被创建为实体。

二、属性

为了更好地描述实体，需要定义实体的属性（attribute）。同一类型的实体具有相同的属性。而对于每个不同的实体，其属性值可以是不同的。用户可以根据需要来定义属性并赋值。属性值必须与某个实体绑定。在进行系统模拟的时候，需要不断对实体的属性值进行实时跟踪和更新。

三、全局变量

全局变量（global variable）是反映整个系统的某个特性的对象，与实体无关，简称变量。模型可以拥有多个变量。变量并不与实体绑定，而是与整个系统绑定，反映系统某个时刻的状态。实体可以根据需要访问变量，并对其值进行更新。

变量有许多功能。例如，在两个工作站之间的移动时间可以是固定的，因此可以设定一个值为常量的变量，即不必绑定为实体的属性。

四、资源

资源（resource）通常是指服务人员、设备、有效空间等。以理发店为例，顾客到达后是否能够得到服务，取决于该顾客是否能够获取一个理发师资源。一个实体排完队，需要先获取资源，才能被处理，之后还要释放占有的资源，这样才算完成了整个接受服务过程。准确的表达是，将资源分配给某个实体，因为对一个实体的处理可能需要多种资源。例如，零件实体的加工不但需要机床资源，同时还需要工人资源。

一类资源中可以有多个服务台，每个服务台称为一个单元（unit）的资源。例如，一个理发店可以有多个理发师。

五、队列

当实体移动到服务台时，如果服务台当前的状态为忙，就需要在相应队列中进行等候。通常，队列（queue）可以定义名称以及设定队列容量。在队列容量有限时，需要在建模的时候对队列已满的情况下无法进入队列的实体进行处理。另外，队列的排队规则也可以进行设置，常见的排队规则有先进先出（FIFO）以及后进先出（LIFO）。FIFO 队列有银行排队、零件加工队列、信息发送队列等。而仓库管理就采用 LIFO 队列，因为后送到的货物一般都堆放在先运到的货物上面。此外，还有一些其他规则的排队队列。例如，女士优先的排队规则，就是按照实体的性别属性进行甄别的。又如，在超市出口，一般都会有快速通道，专门针对购买量少的顾客。

六、统计累加器

为了能够得到输出结果指标，必须对不同的统计累加器（statistical

accumulator）变量进行实时跟踪和更新。在本例中，需要观测和判断更新的累加器变量包括：

①当前服务过的顾客数。

②当前总的排队时间。

③当前已经排过队的顾客数。

④当前所观测到的最长排队时间。

⑤当前已经完成服务的所有顾客的总停留时间。

⑥当前所观测到的最长停留时间。

⑦当前在队列长度 $Q(t)$ 曲线下已经累加的面积。

⑧当前队列长度 $Q(t)$ 曲线的最高高度，即最大队长。

⑨当前在服务台忙 $B(t)$ 曲线下已经累加的面积。

所有的这些累加器变量在系统初始化时要清空为 0。在模拟过程中，一旦发生了某个事件，就要对相关的累加器变量进行更新。用户可以根据实际需要设置累加器。

七、事件

事件（event）就是在模拟运行中发生的离散事件。在离散事件系统中两个临近的事件之间，系统的状态不发生变化。这也是后面要采用的基于事件的模拟方法的前提和基础。一个事件的发生，会造成实体的状态变化，进一步会造成属性、变量以及统计累加器的更新。在理发店的模型中，有四类事件：

①系统启动：在系统 0 时刻，系统内初始化。将统计累加器清零，将理发师的状态设置为空闲，清空排队队列。

②到达：一个新顾客达到系统。如果理发师忙则开始排队，如果理发师闲则开始服务。同时，还需要处理：调度下一个顾客的到达时间，更新

相应的统计累计器。

③离开：一个顾客完成服务后离开系统。目前队列中的第一个顾容开始接受服务。如果队列为空，则将理发师状态设置为空闲。同时，更新相应的统计累加器。

④系统终止：模拟在 20 分钟时停止。更新所有的统计累加器并计算最终的性能指标结果。

用户容易默认在启动的时候系统内是“清空”状态，因此需要对启动和终止的规则进行设置。用户确定系统模拟运行的启动条件，究竟运行多长，以及是否在特定的时间终止，或者是在某个特定条件下终止（例如，服务满 50 个顾客后终止）。必须在建模的时候就对启动和终止条件进行全面的考虑，以确保系统能够按要求运行，必要时还要设定额外的参数。

在理发店模型中，顾客 A 离开队列接受理发师服务是一个事件。但是这个事件和前一个顾客 B 接受服务完毕而离开是同时发生的，因此可以认为是等价的。

在模型运行时，必须对所有事件按发生先后进行列表。当发生某一个事件时，附表中的下一个事件要做好准备。因此构造事件列表是模拟的关键步骤。模拟软件会在模拟运行中自动构建一张事件表（event calendar）并利用它来对模拟推演的整个过程进行控制。

八、模拟时钟

模拟过程中的当前时间由模拟时钟（simulation clock）变量进行控制。与实时连续系统不同，模拟时钟并不是连续地取值并跟踪，而是以事件列表上的一个个事件的触发时间作为单位来推进。由于在相近的两个事件之间，系统不发生任何变化，因此这种模拟机制是正确且有效的。

事件列表的调度是根据系统时钟来进行，这样才能确保整个模拟过程按照逻辑推进。模拟时钟不断与事件列表进行交互。在模拟初始化时，在事件执行完后，事件列表就如一个队列，顶部事件不断弹出，后面一个事件就开始执行，相应的属性、变量根据需要进行更新，等等。

第 4 节　模拟运行过程

本节以理发店模型为例，通过手工模拟讨论模拟的细节，希望读者能够充分了解模拟的机制。先介绍一些主要事件的特性，然后将一步步跟踪模拟，并对所有发生的事件按发生顺序进行描述，最后给出 20 分钟模拟的最终结果。

4.4.1　过程驱动的模拟

为了能够有效地进行模拟，必须首先建立模拟事件列表。因此，首先以每个顾客的整个活动过程建立起模拟运作表，即对一个实体的整个活动过程进行模拟推演。以实体过程为中心的模拟方式将会对实体的整个生命周期内的被处理过程以及所有相关的事件、变量、属性和统计量进行跟踪和更新，因此这种方式称为过程驱动的模拟机制。而从一个实体的整个生命周期看，它所经历的过程包括实体创建、排队等候服务、获取服务台资源、在服务台停留并接受服务、释放服务台资源以及离开系统。

表 4.2 的推演可以采用 Excel 等电子表格软件进行模拟。

表 4.2　以实体过程驱动的手工模拟运行表

顾客序号	到达时间	到达间隔	服务时间	服务开始时间	离开时间	排队时间	停留时间
1	0	1.73	2.9	0	2.9	0	2.9
2	1.73	1.35	1.76	2.9	4.66	1.17	2.93
3	3.08	0.72	3.39	4.66	8.05	1.58	4.97
4	3.79	0.62	4.52	8.05	12.57	4.26	8.78

续表

顾客序号	到达时间	到达间隔	服务时间	服务开始时间	离开时间	排队时间	停留时间
5	4.41	14.08	4.46	12.57	17.03	8.16	12.62
6	18.49	0.9	4.36	18.49	22.85	0	4.36
7	19.39	15.52	2.07	22.85	24.92	3.46	5.53
8	34.91	3.15	3.36	34.91	38.27	0	3.36
9	38.06	1.76	2.37	38.27	40.64	0.21	2.58
10	39.82	1	5.38	40.64	46.02	0.82	6.2
11	40.82			46.02	46.02	5.2	5.2

其中，服务开始时间 =max（到达时间，前一位离开时间）

离开时间 = 服务开始时间 + 服务时间

排队时间 = 服务开始时间 – 到达时间

停留时间 = 离开时间 – 到达时间

很显然，可以从上面归纳出事件的先后发生顺序。如果以实体编号、时间、事件类型这样一个三元组来表示一个事件，则可得到事件序列如下：

[1，0.00，到达]→[2，1.73，到达]→[1，2.90，离开]→[3，3.08，到达]→[4，3.79，到达]→[5，4.41，到达]→[2，4.66，离开]→[3，8.05，离开]→[4，12.57，离开]→[5，17.03，离开]→[6，18.49，到达]→[7，19.39，到达]→[–，20.00，终止]→[6，22.85，离开]→[7，24.92，离开]→[8，34.91，到达]→[9，38.06，到达]→[8，38.27，离开]→[10，39.82，到达]→[9，40.64，离开]→[11，40.82，到达]→[10，46.02，离开]→…

以上所表达的也是另一种“编程”思路，其实早期的模拟语言——SIMAN 语言——就提供了这样编辑的环境，这也是现在大多数的模拟软件所采用的模拟思路。相对而言，这是一种更为自然的思考方式。

4.4.2 事件驱动的模拟

表 4.2 展示了模拟的推演计算。但是从事件列表看，到模拟结束时，

还有许多事件没有发生。实际上，从模拟研究的角度来看，我们只对 20 分钟内发生的事件感兴趣。此外，上述的事件列表过于简单，没有提供足够细节的事件调度、相关变量的变化、统计累加器的更新等信息，因此在表 4.3 中提供了事件列表以及系统状态信息细节。表 4.3 中的每一日不但代表了某个顾客在时刻 t 发生的一个事件，还描述了此事件发生后系统的状态。其他的列包括：

● 事件：所发生的事件，比如到达或者离开。

● 变量：排队长度 $Q(t)$ 的取值以及服务台忙函数 $B(t)$。

● 属性：到达时间在实体到达时赋值，并保持更新。如果实体在服务台接受服务，则在其到达时间下加上下划线。顾客的到达时间都从右到左排列，从左到右逐个进入服务台。例如，在运行的最后，正在接受服务的顾客是 18.69 分钟到达，而此时排在队列第一个（也是唯一的一个）的顾客是 19.39 分钟到达的。这里需要不断跟踪每一个实体以计算出排队时间以及在系统内停留的时间。

● 统计累加器：进行初始化，并在发生相应事件时进行更新。需要观察的统计累加器变量包括：

P：当前服务过的顾客数；

N：当前已经排过队的顾客数；

$\sum WQ$：当前总的排队时间；

WQ^*：当前所观测到的最长排队时间；

$\sum TS$：当前已经完成服务的顾客的总停留时间；

TS^*：当前所观测到的最长停留时间；

$\int Q$ 当前在队列长度 $Q(t)$ 曲线下已经累积的面积；

Q^*：当前队列长度 $Q(t)$ 曲线已经达到的最高高度；

$\int B$ 当前在服务台忙 $B(t)$ 曲线下已经累积的面积。

● 事件列表：表 4.3 是按顺序对事件进行记录的事件列表。每当事件发生时，从该事件调度到下一个事件。

基于表 4.3，可以得到对 $Q(t)$ 在整个模拟过程中的演进示意图，如图 4.3 所示。这是典型的离散事件系统的状态变量的事件变化曲线图。

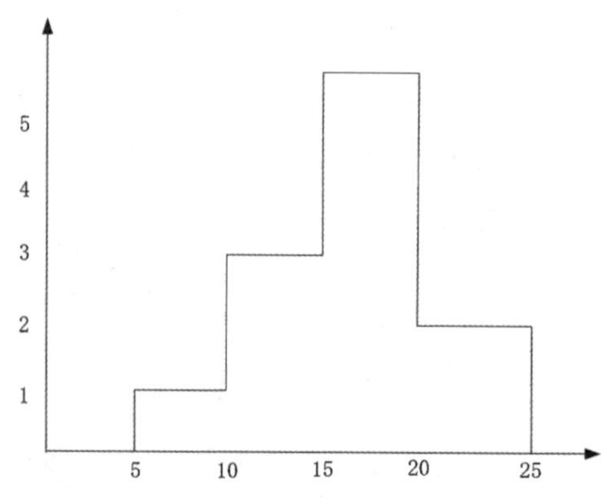

图 4.3　$Q(t)$ 的时间统计量曲线图

表 4.3 中的模拟推演过程是采用事件驱动的模拟方式，即一旦有事件发生，就进行相应的操作和性能指标更新。以上模拟可以很容易地通过编程实现。不过，随着模型复杂程度的增加，实体、事件以及资源类型的增多，过程也会变得十分复杂。其实，即使是理发店模型，也可以发现通过事件进行推演，要同时比较和跟踪好几个变量，很容易出错。

幸运的是，模拟软件中已经集成了模拟推演的功能模块，用户只需将重点放在建模、运行和输出结果分析上即可，而模拟推演的细节则交给系统来完成。

表 4.3　事件列表及系统状态信息

结束的事件			变量		到达时间		统计累加器									事件列表
实体	时间	事件类型	$Q(t)$	$B(t)$	队列中实体	服务台实体	P	N	$\sum WQ$	WQ^*	$\sum TS$	TS^*	$\int Q$	Q^*	$\int B$	实体，事件，类型
	0	初始化	0	0	( )		0	0	0	0	0	0	0	0	0	【1，0，到达】 【–，20，终止】
1	0	到达	0	1	( )	0	0	1	0	0	0	0	0	0	0	【1，0，到达】 【1，2.9，离开】 【–，20，终止】
2	1.73	到达	1	1	(1.73)	0	0	1	0	0	0	0	0	1	1.73	【1，2.9，离开】 【3，3.08，到达】 【–，20，终止】
1	2.90	离开	0	1	( )	1.73	1	2	1.17	1.17	2.9	2.9	1.17	1	2.9	【3，3.08，到达】 【2，4.66，离开】 【–，20，终止】
3	3.08	到达	1	1	(3.08)	1.73	1	2	1.17	1.17	2.9	2.9	1.17	1	3.08	【4，3.79，到达】 【2，4.66，离开】 【–，20，终止】
4	3.79	到达	2	1	(3.79, 3.08)	1.73	1	2	1.17	1.17	2.9	2.9	1.88	2	3.79	【5，4.41，到达】 【2，4.66，离开】 【–，20，终止】
5	4.41	到达	3	1	(4.41，3.79，3.08)	1.73	1	2	1.17	1.33	2.9	2.9	3.12	3	4.41	【2，4.66，离开】 【6，18.69，到达】 【–，20，终止】
2	4.66	离开	2	1	(4.41, 3.79)	3.08	2	3	2.75	1.58	5.83	2.93	3.87	3	4.66	【3，8.05，离开】 【6，18.69，到达】 【–，20，终止】

续表

结束的事件			变量		到达时间		统计累加器									事件列表
实体	时间	事件类型	$Q(t)$	$B(t)$	队列中实体	服务台实体	P	N	$\sum WQ$	WQ^*	$\sum TS$	TS^*	$\int Q$	Q^*	$\int B$	实体，事件，类型
3	8.05	离开	1	1	（4.41）	3.79	3	4	7.01	4.26	10.8	4.97	10.65	3	8.05	【4，12.57，离开】 【6，18.69，到达】 【–，20，终止】
4	12.57	离开	0	1	（）	4.41	4	5	15.17	8.16	19.58	8.78	15.17	3	12.57	【5，17.03，离开】 【6，18.69，到达】 【–，20，终止】
5	17.03	离开	0	0	（）	–	5	5	15.17	8.16	32.2	12.62	15.17	3	17.03	【6，18.69，到达】 【–，20，终止】
6	18.69	到达	0	1	（）	18.69	5	6	15.17	8.16	32.2	12.62	15.17	3	17.03	【7，19.39，到达】 【–，20，终止】 【6，23.05，离开】
7	19.39	到达	1	1	（19.39）	18.69	5	6	15.17	8.16	32.2	12.62	15.17	3	17.73	【–，20，终止】 【6，23.05，离开】 【8，34.91，到达】
–	20	终止	1	1	（19.39）	18.69	5	6	15.17	8.16	32.2	12.62	15.78	3	18.34	【6，23.05，离开】 【8，34.91，到达】

4.4.3 模拟过程描述

本节对表 4.3 所描述的模拟推演过程进行说明。

- t =0.00，初始化。所有的变量和累加器都清 0，并将队列清空，将服务台（理发师）的状态定为待命，并对事件列表进行调度，即已知下一步要发生的事件，就是当前事件列表中排在第一位的三元组。对于目前的时刻来说，第一个事件是在 0.00 时刻实体 1 到达。

- 实体 1，t =0.00，到达：此事件发生后，对事件列表进行调度，创建顾客实体 2，将其到达时间设为 1.73 分钟，并将其放入事件列表。同时，实体 1 占用服务台资源，使服务台状态为忙，而实体 1 的到达事件存储在它的属性中。目前队列仍为空，因为此事件直接接受服务。由于实体 1 在 0 分钟内通过了队列，因此 N 要加 1，而 $\sum WQ$ 增加值为 0，此时还需要检查该实体是否改变了最大排队事件 Q^*，对于此实体，仍然为 0。目前由于还没有产出，所以 P 仍然为 0。$\sum TS$ 和 TS^* 仍然未变，为 0。时间统计量 $\int Q$、Q^* 和 $\int B$ 也为 0，因为时间还尚未推进。此外，对于此事件可以调度的还包括实体 1 经过 2.90 分钟的服务（即在第 0+2.90 分钟时）将离开系统。因此根据在 1.73 分钟实体 2 到达的事件和在 2.90 分钟实体 1 离开的事件相比，则得知下一个发生的事件为实体 2 在 1.73 分钟到达。

- 实体 2，t =1.73，到达：此事件发生后，需要调度事件列表，创建实体 3，将之到达时间设为 3.08 分钟，并放入事件列表。同时，服务台仍然为忙，而实体 2 继续在队列中等候。由于服务台为忙，因此 $B(t)$ 的值为 1，但队长 $Q(t)$ 则从 0 变为 1。因此队列存在了，而此时到达时间为 0.00 的实体 1 仍然占用服务台。这一事件并不更新产出和队列时间统计量，因此 P、N、$\sum WQ$、WQ^*、$\sum TS$ 和 TS^* 不变。$\int Q$ 的值为 $0\times(1.73-0)=0$，$\int B$ 的值为

1×（1.73–0）=1.73。由于 $Q(t)$ 为 1，则 Q^* 为 1，为目前观测到的最大队长。此时，还不需要将下一个离开事件调度到事件列表中，因为目前还有一个离开事件（实体 1 离开）没有发生。因此，下一个事件应该为 [1，2.90，离开]。

- 实体 1，t=2.90，离开：由于这是一个离开事件，因此不需要调度下一个到达事件（该事件已经调度到事件列表之中，即实体 3 在 3.08 分钟到达）。实体 1 已经接受服务完毕而离开系统。由于目前队列不为空，故服务台不可能为空闲，因此 $B(t)$ 仍然为 1，但是 $Q(t)$ 会从 1 减为 0，即为空。实体 2 的排队时间为 2.90–1.73 = 1.17，可以加入 $\sum WQ$，且 N 加 1。此时 WQ 也变为 1.17。因为此时完成了一个服务，自此 P 也加 1，且实体 1 的停留时间为 2.90–0.00 = 2.90，也需要累加到 $\sum T.S$，以及 $T.S^*$ 也改为 2.90。而且 $\int Q$ 应该累加上 1×（2.90–1.73）=1.17，$\int B$ 应该累加上同样的数值。Q^* 仍然没有改变。此时，实体 2 的服务时间应该是 1.76，自此事件列表需要调度下一个离开事件，即实体 2 应该在 2.90+1.76=4.66 分离开系统。则下一个发生的事件应该为实体 3 在 3.08 分钟到达系统。

t=20.00，终止：此时要发生的事件就是终止系统，并更新 $\int Q$ 和 $\int B$，因为在此时间没有其他的事件发生，所以两者都需要增加 1×（20.00–19.39）=0.61。

详细数据请参见表 4.3。

4.4.4 完成与汇总

通过以上的模拟推演，需要的性能指标数据都已经通过计算获得了，剩下的工作就是进行相应的整理和汇总：

- 队列中平均等候时间 $\sum WQ/N$ = 15.17/6=2.53 分钟 / 每个排队顾客。

- 系统中平均停留时间 $\sum TS/P$ = 32.30/5= 6.44 分钟 / 每个接受服务完毕顾客。
- 队列的平均队长（单位时间长度）$\int Q/t$ =15.78/20=0.79 个顾客 / 分钟。
- 理发师服务台的利用率 $\int B/t$ = 18.34/20 = 92%。

表 4.4 对所有输出指标进行了汇总。

表 4.4 模拟终止时的输出性能指标

性能参数	输出值
总产出	5 个
平均等待时间	2.53 分 / 每个（共 6 个）
最长等待时间	8.16 分
平均停留时间	6.44 分 / 每个（共 5 个）
最长停留时间	12.62 分
平均队列长度	0.79 个
最大队列长度	3 个
服务利用率	92%

即在 20 分钟内，系统完成了对 5 名顾客的服务，排队时间、停留时间以及队长都还可以接受，理发师的繁忙程度为 92%。

模拟推演过程是根据时间演进的。为了简化讨论，采用了事先已知的顾客到达时间数据与顾客服务时间数据为输入数据。实际工程中的模拟更加复杂。

第 5 节　系统模拟中的随机性

前面对离散事件系统模拟的推演机制进行了讨论。为了简化问题，在表 4.1 中给出了顾客到达和顾客服务的时间，称为输入数据。可以直接通过给定的数值进行推算，得到的输出结果也是确定数值，这样的模拟称为确定性模拟。但是，在真正的离散事件系统模拟中，输入数据可能是满足一定分布条件的随机变量数据，因此得到的结果也是随机变量数据，这样的模拟称为随机性模拟。图 4.4 和图 4.5 分别给出了确定性模拟和随机性模拟的输入数据和输出数据示意图。

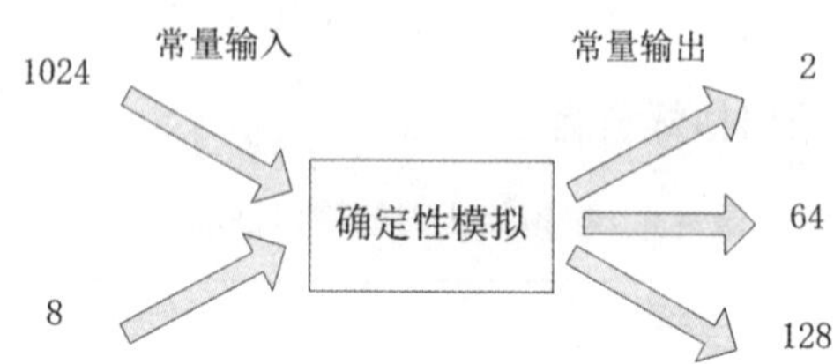

图 4.4　确定性模拟的输入数据和输出数据

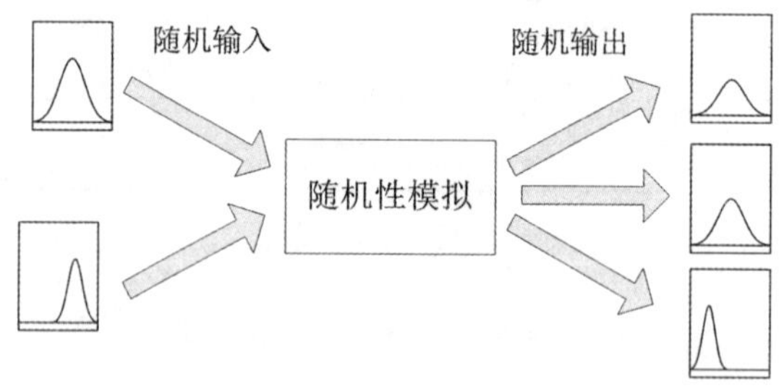

图 4.5　随机性模拟的输入数据和输出数据

本节对离散事件随机性系统模拟过程及其对结果分析的影响进行简要介绍。

4.5.1　随机输入 / 随机输出

表 4.1 中所提供的到达间隔时间数据以及服务时间数据是模拟过程推演的关键。如果数据是某个时间理发店的真实运行数据，那么这个模拟过程就完全重现了当时的情景。

但是，如果模拟只是对已经发生事情的重复，也就没有太高的价值。决策者更为关心的是，对一般情况下理发店的运作情况，随着时间和配置的不同，结果有何不同。而由于到达间隔时间和服务时间虽然有一定的规律，但是每天肯定都不尽相同，因此每天的输出结果肯定也不同。所以，仅仅是一次推演运行并不能说明一般性的状况。从统计的角度来看，也必须要进行足够多的采样，才能通过统计方法来判断在某个置信水平上的平均结果。

因此，就必须要考虑随机性。人们是通过由指定观测到的数据所确定的概率分布来生成输入数据，并利用这些数据来驱动模拟的推演。这个过程称为输入数据分析，其思路是通过有限的数据来进行分析，得到其概率分布函数，进一步利用这个分布函数来构造足够多的输入数据，从而在模拟过程中构造出足够多的采样。在所得到的输出结果足够多时，才可能构成足够大的样本空间并进行有效的统计分析，以确定在某个置信水平上，其平均性能指标是否可信等等。

4.5.2 重复实验

假设通过以上数据分析，得到到达间隔时间数据服从均值为 5 分钟的指数分布，而服务时间服从最小值为 1 分钟、中位数为 3 分钟、最大值为 6 分钟的三角分布。这样，通过以上的分布函数，就可以构造出多组数据，并进行多次推演，从而得到相互独立的多次 20 分钟的模拟运行结果。每次运行都采用相同的初始设计和终止条件，只是输入的是满足同一分布的相互独立的不同组的随机数据。这个过程称为重复实验（Replication）。

表 4.5 给出了对于理发店系统的 5 次重复实验的结果，并对不同的性能指标给出了均值、标准差以及置信水平为 95% 的置信区间的半宽。

表 4.5　5 次重复实验结果

性能参数	第一次实验	第二次实验	第三次实验	第四次实验	第五次实验	均值	标准差	95% 置信区间半宽
总产出	5	3	6	2	3	3.8	1.64	2.04
平均等待时间	2.53	1.19	1.03	1.62	0	1.27	0.92	1.14
最长等待时间	8.16	3.56	2.97	3.24	0	3.59	2.93	3.63
平均停留时间	6.44	5.1	4.16	6.71	4.26	5.33	1.19	1.48
最长停留时间	12.62	6.63	6.27	7.71	4.96	7.64	2.95	3.67
平均队列长度	0.79	0.18	0.36	0.16	0.05	0.31	0.29	0.36
最大队列长度	3	1	2	1	1	1.6	0.89	1.11
服务利用率	92%	59%	90%	51%	70%	0.72	0.18	0.23

由于每次重复实验都是相互独立和相同分布的，因此对于性能指标均值 μ ，其置信区间为：

$$\bar{X} \pm t_{n-1,1-\frac{\alpha}{2}} \frac{s}{\sqrt{n}}$$

其中 X 为样本均值，s 为样本标准差，n 为重复实验次数。$t_{n-1,1-a/2}$ 为 t 分布在 $n-1$ 的自由度下的上 $1-a/2$ 的临界点。例如，对于总产出而言，95% 的置信区间为：

$$3.8 \pm 2.776 \frac{1.64}{\sqrt{5}} = 3.8 \pm 2.04$$

即为 [1.76，5.84]。在可靠程度为 95% 的情况下，半宽为 2.04，即产出水平是在 1.76 和 5.84 之间。可以发现，半宽水平 2.04 对于均值而言相当大，显然此统计结果的精度不够。这是因为只进行了 5 次实验，如果通过更多次的重复实验就可以降低半宽，提高精度水平。

4.5.3　结果比较

以上的模拟实验是在到达间隔时间的分布参数、服务时间分布参数或服务台的个数确定的环境下进行的。然而，很多时候需要对一些参数在修改后进行模拟，从而比较不同参数对输出结果的不同影响。每种参数设置称为一种系统方案，这也是进一步对随机性进行研究的需要。对于理发店的例子，对一些设置进行了修改，设置了两种方案，并分别进行了 5 次重复实验。

修改方案是将到达率提高一倍，采用指数分布生成新的到达间隔时间，系统的其他设置不变。方案修改后的数值分析留给读者自主完成，这里给出结果以供参考。

方案修改后总产出并没有增加，这是由服务台的处理能力限制决定的。然而，排队时间、系统中的停留时间和利用率提高了。平均队长也增加了。这些可以通过统计分析手段得到。

需要强调的是，仅仅一次成功的模拟不但不能说明问题，往往还会造成误导。比如，两种方案下模型第一次运行的平均排队时间在到达率加倍情况下远远大于初始情况。然而从整体分布来看，只能认为这是特殊情况，因为整体状态上，排队时间并没有如此大幅度地增加。因此，必须进行足够多的实验。但是，实验次数的增加会造成系统资源的消耗。因此，在成本许可下达到满意的结果即可。

第 6 节　单机排队系统模拟

前面对离散事件系统模拟的整个推演过程，同样也可以基于 Excel 来实现。设对于本章中的单服务台排队系统，通过观测和调查得到以下一些基本信息和数据：

- 顾客到达间隔时间满足均值 $1/\lambda = 1.6\text{h}$ 的指数分布，且各顾客的到达时间相互独立。这里 $\lambda = 1/1.6 = 0.625$ 称为（每小时）到达率。
- 顾客的理发时间满足最短 a=0.27h、最长 b=2.29h 的均匀分布，且各顾客的理发时间相互独立。
- 理发店开门时，没有人排队，且理发师为空闲。
- 到达的顾客按照 FIFO 规则进行排队。

上述的单服务台排队系统通常可以简称为 $M/U/1$ 排队系统，这里 M 表示达到间隔时间是马尔可夫过程（如指数分布），U 表示服务时间为均匀分布，1 表示只有一名理发师（服务台）。

为了简化问题，这里只考察顾客的排队时间。即，观测从系统运行开始，完成排队的前 50 名顾客的排队时间为 WQ_1，WQ_2，…，WQ_{50}。要进行这样的模拟，需要设置模报时钟、状态变量以及事件列表。然而，显然各个顾客的到达时间以及开始接受服务时间并不确定，要根据每次随机生成的到达时间和接受服务时间通过计算才能明确。因此事件列表是无法事先确定的，会根据产生的随机变量值而变化，类似于表 4.3 的事件列表，以及系统推演过程无法简单地使用 Excel 电子表格通过公式复制和粘贴的功能来实现。因此，此问题无法通过 Excel 进行模拟。

但是，如果只考虑排队时间，只需要构建如表 4.2 所示的以实体过程驱动的运行表就可以。而这个表是可以事先确定的，即每一行代表一个实体的整个过程（到达时间、服务时间、开始服务时间、离开时间、排队时间等）。

设 S_i 为顾客 i 的服务时间，A_i 为第 i 个顾客与第 $i-1$ 个顾客的到达间隔时间，则：

$WQ_i=\max(WQ_{i-1}+S_{i-1}-A_i,\ 0)$，其中 $i=2, 3, \cdots$

而 $WQ_1=0$（因为系统开始时队列为空，且服务台为空闲，则首位顾客直接开始接受服务）。

要对此系统进行模拟，一个需要解决的关键问题是如何生成服从给定指数分布的随机变量与给定均匀分布的随机变量。简单来说，要生成服从特定分布函数的随机变量，都需要通过所生成的 [0，1] 区间内均匀分布的随机数（RANDO 函数）来构造。设 U_1、U_2 分别为服从 [0，1] 区间内均匀分布的随机数，下面给出服从指数分布和任意均匀分布的随机变量的生成方法：

- 服从均值为 $1/\lambda$ 的指数分布的到达间隔时间随机变量 $A_i=-(1/\lambda)\ln(1-U_1)$；
- 服从 [a，b] 区间内均匀分布的服务时间随机变量 $S_i=a+(b-a)U_2$。

为了能更好地进行说明，图 4.6 给出了基于 Excel 表格模拟的解决方案。

在图 4.6 中，系统的基本参数保存在单元格 B4、B5 和 B6 中。第 D 列列出了系统开始运行后，前 50 名顾客的序号。第 E 列为生成的达到间隔时间随机变量值，其 Excel 公式如下：

=–$B$4*LN（1–RAND（））

第 F 列为生成的服务时间随机变量值，其 Excel 公式如下：

=$B$5+（$B$6–$B$5）*RAND（）

相应地，第 G 列为计算得到的顾客排队时间，其 Excel 公式如下（以 Customer 2 为例）：

=MAX（G4+F4−E5，0）

A	B	序号	Ai	S	排队时间	Ai	S	排队时间	Ai	S	排队时间	Ai	S	排队时间
平均到达时间间隔	1.6	1	1.05118	1.15269	0	1.11788	0.7969	0	0.21128	1.79999	0	3.33443	1.23107	0
最短螺旋时间	0.27	2	2.50712	0.92217	0	2.35042	2.02287	0	0.32926	1.08376	1.47073	0.58355	0.45796	0.64753
最长螺旋时间	2.29	3	1.54015	0.64448	0	1.5343	2.21627	0.48857	0.40597	1.18351	2.14852	0.82957	1.23842	0.27592
		4	1.48565	1.75504	0	0.60057	2.2889	2.10426	0.90226	1.63579	2.42978	1.72289	1.78611	0
		5	0.30838	0.79961	1.44666	0.66595	0.82548	3.72721	0.77147	1.37889	3.2941	0.22012	0.63639	1.56599
		6	0.85081	1.79224	1.39546	0.37383	0.99562	4.17886	0.61462	0.73449	4.05837	1.15794	1.59695	1.04444
		7	0.44845	1.304	2.73925	1.37811	0.82871	3.79637	0.59628	1.59021	4.19657	1.18421	1.1137	1.45718
		8	0.18993	1.84487	3.85331	1.51806	0.39887	3.10701	0.54586	1.63364	5.24093	3.01193	1.90124	0
		9	2.67321	1.66803	3.02497	0.84567	1.49004	2.66022	1.50367	2.00081	5.3709	0.51744	0.47437	1.38381
		10	1.71552	1.69891	2.97747	0.50855	1.85733	3.6417	0.26422	2.19047	7.10749	8.09591	2.16182	0
		11	0.22195	0.63094	4.45443	0.19737	1.51405	5.30166	0.03955	1.09002	9.25841	0.50553	0.50236	1.65629
		12	0.42879	0.96365	4.65658	0.48179	0.87304	6.33392	0.53376	0.75486	9.81467	0.49793	1.44295	1.66073
		13	3.77358	0.46982	1.84665	0.90048	1.67609	6.30648	4.14219	1.56004	6.42733	1.22037	1.35591	1.8833
		14	1.69552	1.79545	0.62095	1.14431	1.25243	6.83826	0.0913	1.19258	7.89606	3.6549	1.77061	0
		15	0.29406	1.25983	2.12233	0.83988	0.99894	7.2508	0.05695	0.34196	9.03169	5.11677	2.07744	0
		16	0.77576	1.25877	2.6064	0.38684	0.67354	7.8629	0.25812	1.26168	9.11554	0.45377	1.32049	1.62366
		17	0.77455	0.76663	3.09062	1.98618	1.50968	6.55026	1.59298	1.42764	8.78424	0.50732	1.47828	2.43684
		18	4.25302	2.27262	0	0.50184	0.98843	7.5581	2.16649	1.47796	8.0454	1.23948	0.38426	2.67564
		19	0.06494	1.37707	2.20768	0.3157	1.01435	8.23083	1.16946	0.87406	8.3539	0.87853	2.27285	2.18136
		20	1.60776	1.02456	1.97699	1.70477	1.5781	7.54042	1.47556	1.98704	7.7524	0.76924	1.96332	3.68498
		21	0.25354	2.04197	2.74801	1.54524	1.80367	7.57328	0.40983	1.42677	9.32962	2.36593	1.94423	3.28236
		22	0.21174	2.07838	4.57825	5.61957	0.47619	3.75738	0.26131	1.94365	10.4951	0.32929	1.81382	4.8973
		23	0.72303	1.69603	5.9336	1.94948	0.69526	2.28409	0.38498	2.10699	12.0538	0.02834	1.90421	6.68278
		24	0.50652	1.98812	7.12311	2.83533	1.41013	0.14402	3.2181	1.47235	10.9426	0.40431	1.11557	8.18268
		25	1.03135	2.07828	8.07988	1.15952	0.42128	0.39464	0.37103	2.03653	12.044	0.07979	0.75039	9.21846
		26	0.29889	1.42381	9.85928	0.76036	2.25556	0.05556	1.88834	1.28988	12.1922	1.00075	0.70699	8.9681
		27	1.40046	0.66033	9.88263	0.43384	2.07171	1.87727	0.41372	0.52828	13.0683	0.69885	1.20201	8.97624
		28	0.50377	0.76558	10.0392	1.61758	1.49407	2.33141	0.38664	1.73504	13.21	0.74939	1.91782	9.42885
		29	4.03918	0.36006	6.76559	4.90968	1.13831	0	1.07683	1.24665	13.8682	0.28369	1.20762	11.063
		30	1.38076	0.37046	5.74489	0.20862	1.24313	0.9297	0.46807	0.73288	14.6467	0.78901	1.81539	11.4816
		31	2.76827	0.41644	3.34709	0.20587	1.84838	1.96695	1.09042	2.07263	14.2892	1.22612	1.71123	12.0709
		32	0.35525	1.79961	3.40828	0.91944	1.81218	2.8959	0.81947	0.84662	15.5424	0.00125	2.19756	13.7809
		33	0.10395	1.9112	5.10394	0.83273	1.50145	3.87534	0.12184	1.11233	16.2671	0.75476	2.12397	15.2237
		34	1.02841	1.97947	5.98673	7.56032	0.6079	0	0.91795	1.36758	16.4615	2.1405	1.16062	15.2071
		35	0.81203	1.20172	7.15417	3.9108	1.82746	0	2.39498	1.90378	15.4341	3.14156	1.2672	13.2262
		36	1.61145	1.87111	6.74443	5.88947	1.55801	0	0.63019	1.87315	16.7077	3.68012	0.27425	10.8133
		37	0.60605	0.30575	8.00949	5.77997	1.79535	0	0.85468	1.34086	17.7262	0.3083	1.78359	10.7792
		38	6.49115	0.56237	1.82409	4.14336	1.4836	0	6.07716	1.66033	12.9899	0.13226	2.01518	12.4305
		39	1.35542	0.45357	1.03105	1.86867	0.31631	0	2.23613	0.47748	12.4141	1.24919	0.85305	13.1965
		40	1.86016	0.46508	0	1.1489	1.82112	0	3.8989	0.92497	8.99266	0.11971	0.56039	13.9299
		41	1.28249	1.22986	0	0.30945	1.39804	1.51167	0.95185	0.2743	8.96578	0.0197	0.86033	14.4706
		42	0.20864	1.24284	1.02122	1.44754	1.55151	1.46217	0.56681	0.93776	8.67327	1.45074	2.04571	13.8801
		43	0.86055	0.35966	1.40351	0.34198	0.9411	2.67171	2.55187	0.7546	7.05916	0.34214	1.81725	15.5837
		44	2.50548	1.43937	0	1.62508	0.45871	1.98773	1.36853	0.48765	6.44523	0.72692	1.17255	16.674
		45	1.14808	1.97594	0.29129	0.69952	1.15397	1.74692	0.60216	1.02662	6.33072	0.59121	1.54714	17.2554
		46	2.88254	0.85077	0	0.87629	2.20573	2.02461	3.59082	0.62084	3.76651	1.88811	1.94045	16.9144
		47	1.81255	0.3204	0	1.03125	0.52706	3.19909	3.6356	0.28557	0.75175	6.38072	1.43256	12.4742
		48	1.35672	1.43799	0	4.97891	1.65673	0	0.19565	1.64759	0.84167	8.43909	2.17453	5.46763
		49	5.48127	1.88588	0	2.47281	1.74833	0	8.04565	1.65378	0	3.493	1.75231	4.14916
		50	2.60356	0.65704	0	1.08512	0.88897	0.66321	0.1759	0.4112	1.47788	1.3129	1.58125	4.58857
		均值	1.48287	1.22461	3.10199	1.75038	1.31222	2.73661	1.34553	1.26796	8.65569	1.59259	1.43631	7.1695

图 4.6 顾客排队模拟计算

通过以上公式可以发现，顾客的排队时间很大程度上取决于前一顾客的排队时间，则显然第 G 列的数据是自相关的，且又进一步判断出这列数据是正相关的。因此，如果只是模拟了一列数据，然后对这列数据进行平均求取期望值。这不同于报商问题，所模拟的 30 天的数据都是相互独立不相关的。在第 E、F 和 G 列数据的最后，给出了 50 天数据的均值，这仅仅是用来确认这些值是否与采用排队论进行分析所得到的理论值相近。例如，可以得到排队间隔时间的理论均值为 $1/\lambda=1.6$h，服务时间的理论均值为（$a+b$）/2=1.28h。

当然，还可以计算得到相应的排队时间的样本标准差、置信区间等。这里没有这么做，出于以下两方面原因：

①由于 WQ_i 的值具有自相关性，因此这些数据已经不满足经典统计分析所要求的独立同分布的假设。一般来说，由于自相关，所得到的标准差是有偏的估计（通常是偏低）。

②其次，所得到的 50 个排队时间数据并不具有“典型性”。例如，由于一开始假设系统为“清空”状态，因此第一个顾客肯定不排队，由此前面几个顾客的排队时间肯定要比后面顾客的排队时间短。这意味着采用这些数据来进行统计分析，所得到的估计值都不能反映实际系统的性能。

因此，对于这个问题来说，虽然模拟了 50 个顾客的运作，但是只能认为是完成了一次模拟重复实验。不像报商问题，一天的模拟就是一次模拟重复实验。因而，如果要想进行可靠的统计分析，就需要重复进行多次独立的 50 个顾客的运作模拟（即进行多次独立的重复实验）。

在图 4.6 中，将 E、F 和 G 列复制并粘贴，总共进行 5 次重复实验。而且，每次重复实验中的随机变量都是独立生成的，从而保证了 5 次重复实验的结果也是相互独立的。最后在最右侧的一列得到 5 次独立重复实验的均值——这个均值满足经典统计分析的假设。

通过对表中的数据分析，还可绘制出 5 次重复实验所分别对应的 50 个顾客的排队时间的序列曲线图，通过图表可以发现数据的相关性。这部分工作留给读者自主完成。

采用 Excel 进行模拟有很大的局限。首先，事件列表无法动态构建，这也造成了重要的性能指标（特别是时间统计量，如队长、服务台利用率等）很难通过计算得到。另外，如果要求进行模拟的系统更为复杂，需要考虑的参数更多，则采用 Excel 模拟会非常麻烦。最后，如果要求模拟的时间长度加长更多，或要求进行足够多次的重复实验，都会大大加强 Excel 的操作复杂度。

小结

本书的目的是帮助读者更好地理解社会管理系统模拟的理念，并应用在实际问题的建模和求解上。因此，本章采用了一个简单的理发店系统实例来对离散事件系统模拟的整个推演过程和结果分析过程进行说明。同时，为了将讨论的重点放在模拟推演过程上，而不受随机性的影响，所以通过预先给定的输入数据表来进行推演。

任何研究都是有问题导向的，进行离散事件系统模拟的目的是尽可能全面、准确地采集性能指标。经验估计、排队论分析和模拟机制这三者各有侧重。而对于大规模的复杂系统来说，系统模拟方法是最为合适的研究方法。本章介绍了模拟推演过程中涉及的一些重要的基本概念，并采用手工模拟，基于事件驱动的机制，对理发店系统进行了详尽的模拟推演，得到了一个直观的输出结果。但是，过程驱动模拟由于相对的易编程性，是目前被大多数模拟软件所采用的主流模拟机制。最后，随机性是系统模拟中必须考虑的因素。如果没有选用适当的统计方法，系统模拟所得到的结果可能会误导决策，具有很大的风险。

第 5 章　连续系统模拟

第 1 节　连续系统模拟基础

5.1.1　连续模拟的定义

连续系统的状态是在某一时间范围内连续变化的。称那些状态变量随时间变量呈连续变化的模拟为连续模拟。连续模拟的目的是得到系统的状态变量的动态变化过程，并由此分析系统的性能。

下面介绍与连续模拟模型相关的术语。

（1）状态变量

反映系统状态的变量，包括水平变量（level variable）和速率变量（rates variable）。水平变量反映状态变量的绝对值大小，而速率变量反映状态变量单位时间的变化大小。

（2）模拟时间

连续模拟模型的自变量。连续模拟模型的模拟时间可以是连续的，也可以是离散的，因此，状态变量的输出结果呈连续变化的光滑曲线或连续变化的间断曲线，如图 5.1 与图 5.2 所示。

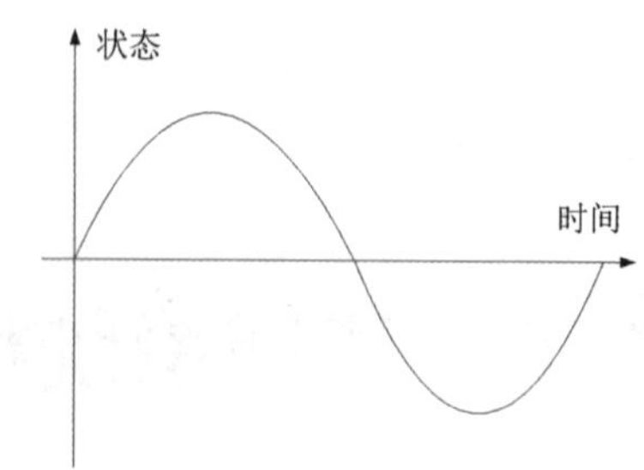

图 5.1　连续型系统（连续时间）

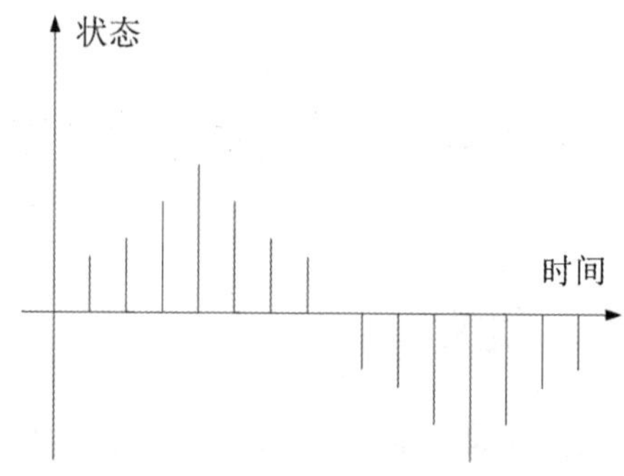

图 5.2　连续型系统（离散时间）

在将连续模拟模型转化为计算机程序进行模拟运行时，均涉及连续模拟模型的时间推进机理。连续模拟模型的时间推进多采用固定步长法。例如，世界经济增长的连续模拟，固定时间步长可为一年；视频播放量的模拟，固定时间步长为一天。

（3）状态方程

状态方程指描述连续系统的数学模型，通常是一系列由状态变量、模拟时间的集合所表示的方程组。为了研究系统动态行为，不仅要考察状态变量的绝对水平，而且要考察状态变量的变化速率以及变化规律。

由于描述状态变量变化速率的方式不同以及作为自变量的模拟时间的

取值不同，状态方程组可以分为连续时间模型和离散时间模型。

如果一个系统的输入量 $u(t)$、输出量 $y(t)$、系统的内部状态变量 $x(i)$ 都是时间的连续函数，那么可以用连续时间模型来描述它。如果一个系统的输入量、输出量及其内部状态变量都是时间的离散函数，即 T 为离散时间间隔，可以用离散时间模型来描述。

系统的连续时间模型有多种表示方式，如微分方程、权函数和状态空间等。离散时间模型也有差分方程、权序列、离散状态空间模型等表示方式。

5.1.2　连续模拟过程

连续模拟的过程主要表现为以下几个方面。

（1）系统结构的建立

由于连续型的管理系统往往涉及的要素（状态变量）较多，内部要素之间的作用关系以及外部环境中的影响因素等都比较复杂，直接建立系统模型不现实。因此，在建立系统模型前，要有一个对管理系统深入分析的过程，该过程以定性分析为主，从定性到定量，定性分析与定量分析相结合，这就是系统动力学中的流图绘制过程。

（2）系统模型的建立

系统模型的建立，即在流图的基础上建立一组反映系统行为特征的数学模型，它描述了各项状态变量与主要自变量——模拟时间的关系，因为系统行为是动态变化的，所以数学模型通常是差分方程组或微分方程组，还可能包含各种随机因素，即其中的变量或参数可能是服从某种概率分布的。

（3）离散化转换

由于计算机 CPU 时间的推进是离散变化，因此，为了使数学模型适应计算机的工作方式，要将连续模型转换成离散模型，转换的方法则采用数值积分方法。

（4）模拟模型的建立

模拟模型的建立可以采用一般计算机语言，如C语言等，但是有很多工作需要编程者自己实现。因此，对连续模拟模型的建模，一般采用专用模拟语言。比较典型的是Vensim语言、Matlab的Simulink工具箱，还有其他通用模拟语言，如Arena、Anylogic等。

（5）模拟实验与分析

程序调试成功后，对模型和收集到的基础数据在计算机上进行模拟实验，计算和记录各个状态变量在各个时间点的具体数值。分析模拟结果，修改模型，调整模型方案。

对模拟结果的分析工作可以通过图形化的形式进行，连续模拟结果的图形输出主要有两种，一是以时间为横轴，状态变量为纵轴，对系统状态在整个时间序列中的连续型变化进行动态示意；二是以状态变量为横、纵轴，分析系统状态变化的轨迹。

第2节　系统动力学原理

5.2.1　基本原理

有时系统组成要素之间的关系复杂，例如一个要素与多个要素有关，或一个要素的变化对其他要素产生的影响要到一段时间之后才显现，等等，而系统动力学（System Dynamics）方法正可以描述此类多元的、非线性的复杂问题。系统动力学的理论基础是系统科学和控制论，涉及以下概念。

（1）物流与信息流

系统动力学认为系统的运动包括物流和信息流。例如，企业中的资金流、原材料流、订单流等。这些物流是相互作用、相互依赖的，而相互作用的媒介就是信息流。在系统动力学中，信息流指系统中不同要素（如状态变量）之间的相互作用。

（2）延迟

要素（如状态变量）之间的作用和响应是有延迟的。花费时间使系统的状态变量的值发生变化叫作延迟，延迟时间的长短影响着状态变量的变化率。

（3）因果关系

因果关系指系统的某两个要素之间的影响和响应关系，当然，这种影响和响应是通过信息流的作用而发生的。有正相关、负相关或者复杂关系。复杂关系有时为正相关、有时为负相关、有时则无影响。

（4）反馈环

当变量之间的关系导致从某一变量出发经过一个闭合回路的传递，最后该变量本身增加，这样的回路称为正反馈环。反之，当从某一变量出发经过一个闭合回路的传递，最后该变量本身减少，称为负反馈环。

反馈环极性的判别准则是：反馈环的极性恰好就是环内各个因果关系极性的乘积，极性标在环中间，分别用“+”“–”符号表示。

图 5.3 的例子说明了信息反馈的过程形成了一个闭环结构。水位高，阀门开得小些，进水就少些，水位低，阀门开得大些，进水就多些，这样在水位与阀门开度之间形成了一个负因果关系。另一方面，阀门开度大则进水多，水位升高，阀门开度小则进水少，水位降低，因而阀门开度与水位之间形成另一个正因果关系。把两个因果关系联系起来看，从“水位”

经“阀门开度”再回到“水位”，就连成一个闭环。水位通过阀门开度影响水速，是负向影响关系，具有恢复水位恒定的特性，是一个负反馈环。

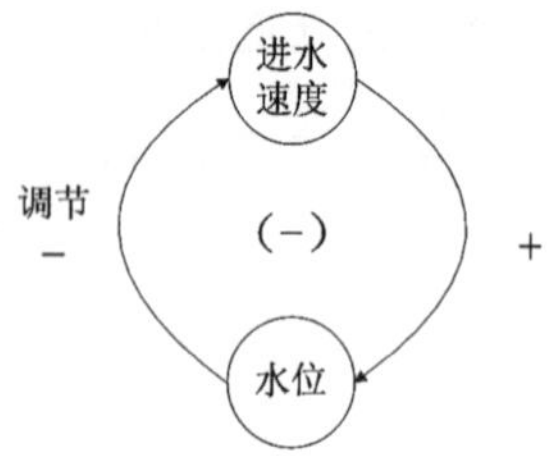

图 5.3　水位控制系统的因果关系

人口系统存在着两个反馈环，其中一个为正反馈环，另一个为负反馈环，其基本结构如图 5.4 所示。其中，POP 为总人口数，BR 为年出生人口，BRN 为出生率常数，DR 为年死亡人口，DRN 为死亡率常数。

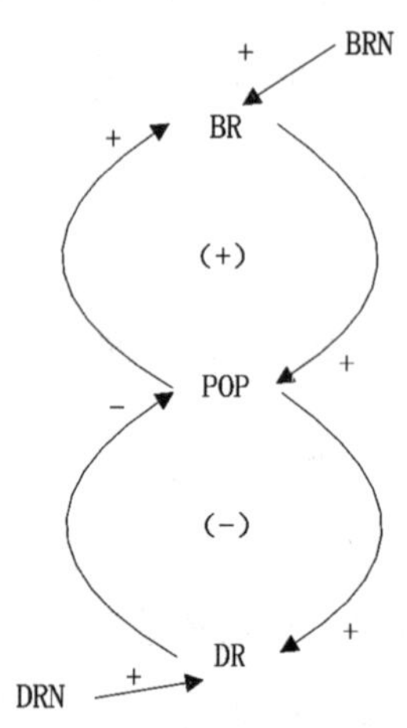

图 5.4　人口系统的因果关系

（5）结构

系统动力学的整个系统是由多个简单反馈环组成的。实物流贯穿着状态变量及其变化率，表明实物流的变动。信息流联系着状态变量、其变化率以及外部因素，反映着反馈关系和环境影响。这些形成了动力学系统的基本部件，由这些基本部件再进一步构成延迟环节和反馈环节。这样一个反馈环又一个反馈环地跟踪，最终可以掌握系统的结构全貌。

5.2.2　系统结构的建立

系统结构的建立即流图的绘制过程。系统结构指系统要素之间的相互关系，这些要素可以是系统变量，也可以是反馈环或子系统。系统动力学方法在确定系统结构时常常借助于因果关系图和流图。搭建系统结构的步骤如下：

（1）划定系统边界

把那些与建模目的直接相关且重要的要素都划入边界内，界限应该是封闭的。为确定界限应先明确建模的目的。同一研究对象，由于建模目的不同，系统边界可能不同。

（2）找出系统的反馈环

多重反馈环相互连接、相互作用是社会系统呈现复杂动态行为的主要原因。反馈环极性转移的示例如图 5.5。若开始时 $A<\bar{A}$，则此环由正反馈环逐渐向负反馈环转移；若 $A>\bar{A}$，则此环一直是负反馈环。

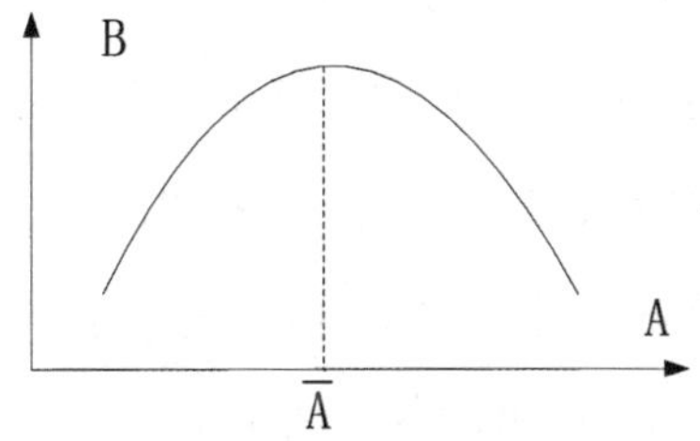

图 5.5　反馈环极性转换

（3）找出反馈环中的水平变量与速率变量

水平变量是系统内流量的积累，它是系统的状态变量。根据建模目的，分析收集到的信息资料，从中抽取出能描述系统概貌的必要而又恰当的水平变量。

速率变量是单位时间内水平变量的大小。在任一反馈环中水平变量与速率变量总是同时交错出现的。如图 5.6 所示，即一个反馈环结构。

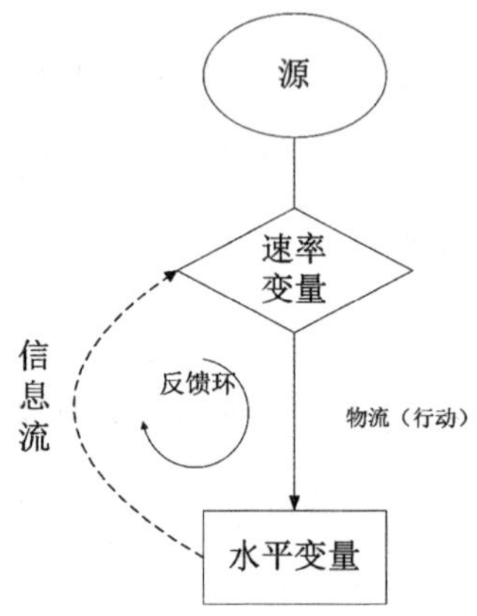

图 5.6　反馈环中的流位与流率

（4）决定速率

决定速率是建模的核心。因为速率方程表达了速率变量对系统状态的依赖关系与控制策略，从而描述了系统动态变化的规律。

管理系统的速率变量一般分为人为控制和非人为控制。例如，在人口增长系统中，有人口出生率和死亡率，其中，人口出生率可用来人为控制人口总数量；在商店存货系统中，有进货率和销售率，其中，进货率可用来人为控制商品的存货量。可人为控制的速率变量表明了某种控制系统状态的策略，因此这类速率变量的表达，也可以称为“决策函数”。为了简化描述决策函数，可以引入辅助变量。辅助变量出现在流图的信息通道中，具有实际意义。

通过以上四个步骤，可得到一个系统结构的完整流图。可以从因果关系及流图上看到系统中的各要素是如何关联的。比如，可以清楚知道系统中两个变量之间的关联是正还是负，是直接还是间接，是即时还是延迟的。基于流图，就能得出一组完整的数学方程，用于对系统原理进行定量描述和分析。

5.2.3　杰弗逊纪念馆的系统思考

美国华盛顿广场的杰弗逊纪念馆大厦刚建成的时候，因其漂亮前卫的玻璃幕墙设计，成为当地的地标建筑，每年都有许多游客来参观。但没过几年，纪念馆建筑物表面逐渐出现斑驳老化现象，后来竟然隐现裂纹。这样一个城市代表性建筑自然牵动着方方面面的关注，华盛顿市政府非常重视，采取若干措施、投入巨额经费来应对，但效果都不理想。市政府非常担忧，选派专家们调查原因，寻找解决办法。

首先，直指目标，请建筑材料专家进行实地考察分析。专家们仔细研究后得出结论，大厦外墙长期受酸性物质腐蚀，导致建筑主体过早老化。得到结论的工作人员首先想到的是酸雨的影响。但咨询气候专家后得知，华盛顿地区近年来没有长期、大规模的酸雨气候。后来，才发现是因为纪念馆清洁人员冲洗墙壁所用的清洁剂对建筑物产生了酸蚀作用，而该纪念馆大厦墙壁每日都被冲洗，清洗频率大大高于其他同类建筑，所以相对于其他建筑受酸蚀程度更为严重。

但是，为什么要每天都冲洗大厦呢？询问纪念馆管理部门才知道，大厦外墙每天都被大量鸟粪覆盖，因此必须每日清理。清洗成本高昂，纪念馆运营部门也是苦不堪言。如果换成腐蚀性低的高级清洗剂，成本会大幅增加，因此这一方案又被管理专家所否决。

看来只能从鸟粪的由来入手。为什么这栋大厦有那么多鸟粪？因为大厦周围聚集了特别多的鸟类。所以，又请来鸟类专家，提出声波、鹰类模型等多种方案以驱散鸟群，但效果都不理想。

只能进一步分析为什么鸟类喜欢聚集在这里？通过一段时间的观察发现，纪念馆遍布鸟类最喜欢吃的蜘蛛。那么为什么这里的蜘蛛那么多呢？又发现墙上有蜘蛛最喜欢吃的小飞虫。进一步分析为什么这里小飞虫多？因为小飞虫在这里繁殖得特别快。为什么小飞虫繁殖得这么快？因为这里的环境最适宜飞虫繁殖。

最后请来环境专家分析原因，原来纪念馆为了保护展品，需要维护一定的湿度和温度。同时，纪念馆的玻璃外墙会透入充足的阳光。阳光、湿度、温度等条件达到饱和，就形成了非常适合昆虫生活的环境，于是在这一温床中聚集了大量的飞虫，也给蜘蛛提供了异常集中的大餐，而蜘蛛的大量聚集，又吸引了鸟类的聚集流连，鸟类吃饱喝足，纪念馆大厦上的鸟粪自然也就多了……

经过系统专家的研究，找到解决问题的关键就是：釜底抽薪——破坏小昆虫的生存环境。温度和湿度是纪念馆保护展品的硬性指标，不能更改。只能从阳光上入手。解决方法很简单，在玻璃幕墙上安装窗帘，在一天阳光最烈的几个小时里拉上窗帘就可以了！这样就打破了小昆虫生存环境的平衡。所以，杰弗逊纪念馆就因为装上了窗帘，便至今仍然屹立在华盛顿广场上，作为城市地标建筑之一。

通过对这一案例的反思，我们可以发现：在发现问题时，我们如果只盯着问题的某一点，头疼医头，脚疼医脚，不仅会治标不治本，而且可能引起其他的次生问题。

在杰弗逊纪念馆的问题上，人们先后找到了建筑专家、气候专家、鸟类专家等多领域专家。他们都是自身专业领域的权威，因此解决问题都习惯着眼于自己擅长的方面。虽然得出的结论都是正确的，但对于问题的解决却都于事无补。最后，跳出专业领域的限制，以系统观看问题，从系统动力学的角度分析问题，建立思维模型，找出问题根源，才一举解决难题。这就是系统动力学原理在解决现实问题中的一个典型应用。读者可以尝试根据本节介绍的方法，针对杰弗逊纪念馆问题自己建立一个系统动力学模型。

第 3 节　供应链系统模拟——牛鞭效应

5.3.1　基本信息

“牛鞭效应”（Bullwhip effect）是市场营销中普遍存在的高风险现象，是销售商与供应商在需求预测修正、订货决策、价格波动、库存失衡和应付环境变异等方面博弈的结果，增加了供应商的生产、供应、库存管理和市场营销的不稳定性。供应链上的信息流从最终客户向原始供应商端传递时，由于无法有效实现信息共享，使信息扭曲被逐渐放大，就导致需求信息出现越来越大的波动。

“牛鞭效应”直接加大了供应商的供应和库存风险，甚至会扰乱生产商的计划安排与营销管理秩序，导致生产、供应、营销的混乱。解决“牛鞭效应”难题是企业拥有正常的营销管理和良好的顾客服务的必要前提。

弗雷斯特（J. Forrester）早在 1961 年就根据系统动力学理论，对一个供应链系统进行分析，指出对于季节性商品，制造商觉察到的需求变化远远超过顾客的实际需求变化，供应链内部的结构、策略和相互作用是导致需求变动被放大的原因。1997 年，李效良（Hau L. Lee）等对需求放大现象进行了全面深入的分析，总结了导致“牛鞭效应”的主要原因，并提出了针对“牛鞭效应”的量化模型和分析方法。

5.3.2 产生原因

产生“牛鞭效应”的原因主要有六个方面，即需求预测修正、订货批量决策、价格波动、短缺博弈、库存责任失衡和应对环境变异。需求预测修正是指当供应链成员采用直接的下游订货数据作为市场需求信息和依据时，就会产生需求放大现象。例如，在市场销售活动中，假如零售商的历史最高月销量为 1000 件，但下月正逢重大节日，为了保证销售不断货，他会在最高月销量基础上再追加 A%，于是向上级批发商下订单（1+A%）1000 件。批发商汇总该区域的销量预计后（假设）为 12000 件，他为了满足零售商的需要又追加 B%，于是向生产商下订单（1+B%）12000 件。生产商为了满足批发商的需求，虽然他明知其中有夸大成分，但他并不知道具体情况，于是他不得不至少按（1+B%）12000 件投产，并且为了稳妥起见，在考虑毁损、漏订等情况后，又加量生产。这样一层一层地加量，就导致了“牛鞭效应”。

在供应链中，每个企业都会向其上游订货，一般情况下，销售商并不会每接到一个订单就向上级供应商订一次货，而是在考虑库存和运输费用的基础上，在到达一个周期或者汇总到一定数量后再向供应商订货；为了减少订货频率，降低成本和规避断货风险，销售商往往会按照最佳经济规模加量订货。同时，频繁的订货也会增加供应商的工作量和成本，所以供应商也往往要求销售商在累积到一定数量或到达一定周期后订货，此时销售商为了尽早得到货物或如数得到货物，又或为备不时之需，往往会刻意提高订货量。这样，由于订货策略，也同样会导致“牛鞭效应”。

价格波动是由于一些促销手段，或者经济环境突变造成的，如价格折扣、数量折扣、与竞争对手的恶性竞争和供不应求、自然灾害、社会动荡等。这种因素使许多零售商和推销人员预先采购的订货量大于实际的需求量，因为如果库存成本小于由价格折扣所获得的利益，销售人员当然愿意预先多买。这样，订货量没有如实反映需求的变化，同样会产生“牛鞭效应”。

当需求大于供应时，理性的决策是按照订货量比例分配现有供应量，比如，总的供应量只有订货量的 40%，合理的配给办法就是按其订货的 40% 供货。此时，销售商为了获得更大份额的配给量，故意夸大其订货需求是在所难免的，当需求降温时，订货量又骤减，这种由于短缺博弈导致的需求信息的扭曲也会导致“牛鞭效应”。

库存责任失衡也加剧了订货需求的放大。在营销操作上，通常的做法是供应商先铺货，待销售商销售完成后再结算。这种机制导致的结果是供应商需要在销售商结算之前按照销售商的订货量将货物运至交货地点，而销售商并不承担运费；在发生货物毁损或者供给过剩时，供应商还需承担调换、退货及其他损失，这样，库存责任自然转移到供应商，从而使销售商处于有利地位。同时，销售商掌握大量的库存，也可以作为与供应商进行博弈的筹码。因此，销售商普遍倾向于加大订货量，以掌握主动权，这样也会导致“牛鞭效应”。

各种外部环境的变化都会增加市场的不确定性。销售商应对这些不确定性的手段之一就是保持库存量。当对不确定性的预测形成一种较普遍认识时，为了保持有应对这些不确定性的安全库存量，销售商会加大订货量，将不确定性风险转移给供应商，这样也会导致“牛鞭效应”。

5.3.3　解决方法

可以从如下六个方面考虑“牛鞭效应”的解决方案。

一、订货分级管理

按照帕累托定律，销售商可分为一般销售商和关键销售商。关键销售商可能只占 20%，却能实现 80% 的销量。因此供应商应对不同销售商的订货实行分级管理，如对一般销售商的订货实行满足管理，对重要销售商的订货进行充分管理，对关键销售商的订货实行完美管理，这样就可以通过管住关键销售商和重要销售商来减少风险。

二、加强出入库管理

避免人为处理供应链上的有关数据的一个方法是使上游企业可以获得下游企业的真实需求信息，这样，上下游企业可以根据相同的原始数据来制订供需计划。例如，某些公司在合作协议中明确要求分销商将零售商中央仓库里的产品出库情况反馈回去。使用电子数据交换系统（EDI）等现代信息技术对销售情况进行实时跟踪，也是解决“牛鞭效应”的重要方法。

三、实行外包服务

一般来说，订货提前期越短，订量越准确，因此鼓励缩短订货期是破解“牛鞭效应”的一个好办法。根据调查，如果在销售时节开始时进货，则需求预测的误差仅为 10%。并且通过应用现代信息系统可以及时获得销售信息和货物流通情况，同时通过多频度、小数量联合送货方式，实现实需型订货，从而使需求预测的误差进一步降低。

四、力避短缺情况下的博弈行为

面临供应不足时，供应商可以根据顾客以前的销售记录来进行限额供应，这样就可以防止销售商为了获得更多的供应而过分加大订购量。

五、参考历史资料适当修正

供应商根据历史资料和当前环境分析，适当削减订货量，同时为保证需求，供应商可使用联合库存和联合运输方式多批次发送，这样，在不增加成本的前提下，也能够保证对订货的满足。

六、提前回款期限

提前回款期限、根据回款比例安排物流配送是消除订货量虚高的一个办法，因为这种方法只是将期初预订数作为一种参考，具体的供应与回款挂钩，从而保证了订购和配送的双回路管理。

小结

本节的重点是帮助读者理解连续系统模拟的理念，并应用在实际问题的建模和求解上。首先，介绍了连续模拟系统的基本概念及其相关要素。然后，重点论述了以系统动力学进行连续系统模拟的基本原理，介绍了几种常用的系统动力学模型，并以美国杰弗逊纪念馆的案例进行说明。最后，以供应链中的“牛鞭效应”为例，分析了连续系统模拟中只考虑个体而不考虑整体可能会带来的弊端。

第 6 章　社会管理系统模拟方法的集成

现实中的管理系统，大多会同时存在离散性管理问题、连续性管理问题和复杂性管理问题等，那么，采用的模拟方法就需要将多种模拟方法集成。为了研究模拟方法之间的集成原理，首先要分析各类模拟方法的本质特征。

第 1 节　模拟方法本质特征分析

6.1.1　离散事件模拟特征

管理系统中的排队现象，虽然可以采用数学规划模型描述，但由于模型的难解性，往往无法直接求得解析解，比如单件车间生产作业计划的编制，而离散模拟方法就可以解决此类问题。离散事件模拟的理论基础是概率论与数理统计。

离散事件模拟方法一般可以采用局部建模思路。

1. 局部特征

（1）资源的局部规则。例如每台机床一旦加工完某个工件的某道工序后，按照优先调度规则（如 FIFO、EDD）从队列中选择下一个要加工的工件。

（2）事件的局部规则。在每个模拟时间点，系统只安排下次要发生的事件，而不是把所有事件安排好。

（3）时钟的局部规则。只将模拟时钟推移到离当前时钟最近的一个事件时间点。

2. 抽样特征

在实际排队系统中，实体的到达间隔时间、实体占用资源的处理时间是不确定的。如果要推演局部规则，就必须先从波动范围中确定出一个值来，这就是抽样，即将到达间隔时间和处理时间按照各自服从的分布函数，进行抽样取值。

由此可见，离散事件模拟首先要将变量的波动范围缩小到一个确定的点，称为“聚焦”。因此，离散事件模拟方法的原理为：“聚焦”+“局部规则”，如图 6.1 所示。

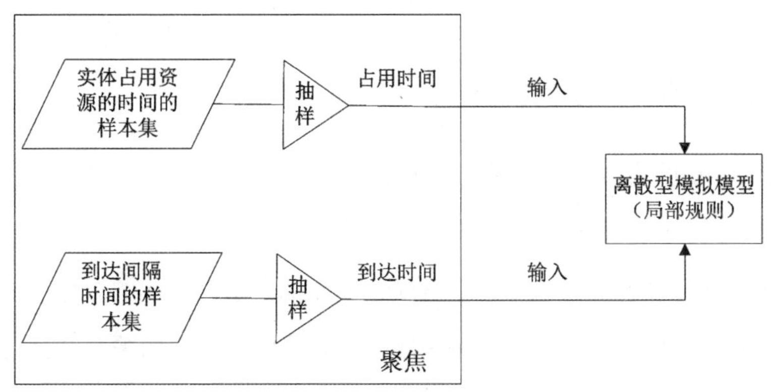

图 6.1　离散事件模拟原理

3. 运行特征

离散事件模拟的核心方法是事件表的运用。事件表中按时间顺序存放着事件，事件的属性表现为类型和时间。模拟的运行就是不断地从事件表中取出离当前模拟时钟最近的事件进行处理，同时不断产生新的事件补充到表中。

事件可表示为：

E_i（事件类型，事件时间）

事件表带动了离散事件模拟几乎所有操作的运行，这些操作机制包括各类事件处理程序、随机变量生成函数、实体或资源的选择规则、模拟时钟推移机制等。

除此以外，离散事件模拟方法体系中还包括模拟模型的验证和确认、模拟实验方案的设计和优化、模拟结果的统计分析等。

4. 局限分析

排队现象往往出现在管理系统的底层，如生产作业计划、库存控制、物流优化等。由此可见离散事件模拟方法局限于比较规范化的工序优化问题。在管理系统的中层、高层，还有大量的复杂决策问题，这需要其他的模拟方法来解决。

6.1.2 系统动力学方法特征

系统动力学模拟方法特点如下：

（1）特征分析

系统动力学方法是从上到下建模，即先把握系统整体的边界和结构，再来建立定量模型。先用因果关系图描述系统要素之间的关系及其与外部环境的关系，要素之间的关系形成了多个正负反馈回路，这些反馈回路就确定了系统的边界，对回路有刺激的外部干扰就形成外部环境。

在系统的边界和总体架构确定后，再用数学模型（常微分方程、差分方程等）描述要素之间的正负反馈关系。通过反复修改方程，最终完成定性与定量相结合的建模。

（2）问题分析

系统动力学方法从整体入手，最终构建的数学模型所反映的是系统整体的结构，一旦系统的结构和边界发生变化，就需要重新建立数学模型。而管理系统常有这种变化。同时，在信息时代，组织的边界日益模糊，边界变化将直接导致系统结构的变化，这就要求系统动力学模型适应这些变化。

第 2 节　模拟集成模式

6.2.1　模拟方法的集成

一、离散事件模拟与其他方法的集成

离散事件模拟是首先进行多个管理方案的实验设计，再逐个方案进行模拟，通过模拟输出挑选管理方案。不足之处是要事先设计多个方案，每个方案要反复模拟，效率较低。

管理优化的传统方法是数学规划法或非数值优化算法（如禁忌搜索、遗传算法、模拟退火等），多以成本最小为目标，其不足之处是分析大规模问题或考虑不确定性因素时，求解难度大。

以上两种方法各自评价指标的覆盖范围不同，那么将离散事件模拟与传统优化法集成起来，则可以生成一种多目标优化方法，达到取长补短的效果。

两种方法的集成，有以下两种形式：

一是数学规划方法与离散事件模拟集成，比如对于工业制造系统的工序设计问题，先用整数规划，以成本最小为目标对问题建模，采用拉格朗日方法对所建大型模型分解，对分解的模型采用软件求解，得到一个成本最小的方案，作为可选方案之一，以此为基础采用启发式方法得到其他可选方案，用离散事件模拟方法对所有可选方案进行模拟，得到每个可选方案的性能指标，然后用 BP 神经网络方法对所有可选方案进行评价，从中挑选出最满意的方案。

二是非数值优化算法与离散事件模拟的集成。其做法通常是串行地使用两种方法，一种方法的输出是另一种方法的输入，如图 6.2 所示。

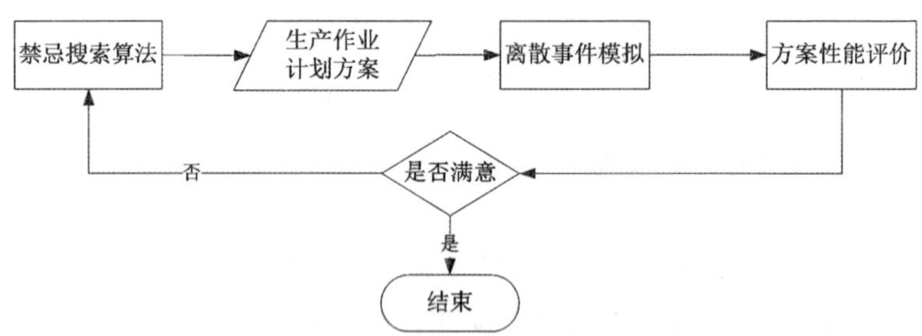

图 6.2　禁忌搜索与离散事件模拟集成的串行模式

比如对于生产作业计划的优化问题，先用禁忌搜索算法求解出一个计划方案，再用离散事件模拟方法模拟该方案，通过模拟结果来对该方案进行评价；如果不满意，再回到禁忌搜索算法求解，如此反复，直到找到满意解。

二、系统动力学方法与其他方法的集成

系统动力学的不足之处主要在于系统边界和结构固定。为此，系统动力学方法与其他方法的集成体现在以下两个方面。

（1）与非数值优化算法的集成

集成遗传算法的进化思想，即运用染色体串描述系统动力学模型：a. 外部输入变量，即系统的边界；b. 参数，即微分或差分方程的参数。还可以运用遗传算法来改进系统动力学模型的结构，即改进数学方程，染色体串的变异和进化，就是对模型结构的调整。

（2）与领域模型的集成

部分系统部件具有专业复杂性，因此有自己的模型及运行模式。例如社会自然生态混合系统的系统动力学模拟，研究的是人类社会与生态环境的演化规律，其中的生态资源模型，就可以使用独立运行的专业领域模型。将专业领域模型嵌入到系统动力学的方程组中，通过统一输入 \ 输出接口进行集成。

6.2.2　模拟系统的集成

下面我们来看模拟系统集成在现实中的应用。在制造领域的典型应用是复杂产品的设计，比如飞机设计：将发动机、电路、控制等各子系统的模拟集成起来，形成一个整机模拟系统，以此分析整机的性能，达到飞机设计的目的。目前多领域协同模拟的主流方法为 HLA 和 Modelica。

1. HLA

美国于 1995 年为促进仿真的互操作性、可重用性，提出 HLA 作为管理系统问题建模和模拟通用技术框架。2000 年 HLA 成为 IEEE1516 标准，进一步推动了其在分布式、多领域对象模拟领域的应用。

HLA 框架中各模拟对象的属性与交互行为，由联邦成员 Federate1，Federate2，…，FederateK 代表，不同联邦成员之间的交互（包括通信、时钟同步），通过 HLA 的 RTI 进行。

这种设计使得 HLA 的复用性、易用性大大增强。属于单个结点的联邦成员能够独立运行，同时联邦成员的时间管理、时序和消息传递，交由 RTI 进行了封装。

2. Modelica

2000 年在瑞典成立了 Modelica 联盟，其目的是解决多领域管理系统的统一建模与协同仿真问题。Modelica 语言的思路如下：

（1）对不同领域系统的物理规律和现象进行建模，形成模型类。Moclelica 的模型为数学方程。方程具有陈述式非因果特性，即生成方程时没有限定方程的求解方向，因而方程具有比赋值语句更大的灵活性。

Modelica 语言具有面向对象特性。联盟建立了一个不断增长的 Modelica 标准模型库，该库包含了不同领域的常用工具、标准部件等模型库，如数学函数库、电气和电子元件库、机械部件库等。Modelica 标准模型库的存在使得多领域建模易于实现。

（2）根据各个物理系统的拓扑结构，连接各模型类，实现模型建模和多领域集成。建立模型时，建模者在 Modelica 联盟发布的模型库中寻找所需的模型类，将它们连接起来，然后定义参数。如果找不到合适的已有模型，可以自己建立，并将其放入模型库中，以便他人使用。

3. 两种方法的比较

HLA 的优势是对各领域问题分别采用不同的语言建模和开发模拟系统。只需对各模拟系统的信息交互接口进行开发和封装，无需改动其内部机制。HLA 的不足之处是要为各模拟系统与 RTI 模拟总线的互联，分别开发不同的接口代理，领域越多，工作量越大。

Modelica 的特点是在统一的建模语言平台上实现各模拟系统的建模，其优势是采用同一种语言，易于解决不同模拟系统之间的数据通信和时钟同步问题；不足之处是采用同一种语言建模，工作量大且不经济。

第 3 节　系统模拟的验证与确认

集成化模拟实验系统，比单个模拟系统要复杂。因此，其验证和确认也需要采用有针对性的方法。

6.3.1　基本概念

仿真验证理论中，Verification 和 Validation 分别代表验证和确认。模拟模型的验证是指系统模型与模拟程序在逻辑结构和数据参数方面的比较过程。通过验证过程促使模拟程序与系统模型保持一致，使人们确信，在计算机上运行该模拟程序能够复现系统模型内在的逻辑和数据关系。

系统模型的确认是检验所建立的系统模型能否真正反映一个实际系统的基本性能。

6.3.2　定性与定量相结合的确认方法

由于本书的研究对象是社会管理系统，并且本章的研究方法是集成化模拟方法，因此，模拟模型的确认方法应为定性与定量相结合的方法。

可按以下步骤，进行定性与定量相结合的确认。

步骤 1，为研究对象设计一个示例。

步骤 2，针对该示例，设计多个极端情况下的输入组合。

步骤 3，模拟运行得到相应输出。

步骤 4，将输入、输出与以下两种情形进行比较：

a. 现实世界中的实际经验；

b. 本领域相关理论中的经典模型。

如果输入、输出与情形 a 或情形 b 相一致，那么，所设计的集成化模拟方法即通过确认。

例如，针对一个群体行为—任务处理互动模拟的研究问题，在步骤 1 中，设计一个示例，即设计群体的人数，群体中每个人的性格特征、工作态度等属性的初始值，设计任务的类型和数量、每类任务的到达比例、每类任务的处理步骤、每步处理的完成者、每步处理的一般完成时间等属性。

在步骤 2 中，实验方案为各种极端情况下的输入方案，例如，对于群体行为演化的模拟，按以下条件设计实验方案：

a. 群体性格特征初始值都为“偏工作型”或“偏交际型”；

b. 群体工作态度都为“较好”或“较差”；

c. 组织文化设置为“偏工作型”或“偏交际型”。

这样的话，可以设计出四个实验方案：

输入方案 1：“偏工作型”（性格特征）+“偏工作型”（组织文化）+“较好”（工作态度）；

输入方案 2：“偏交际型”（性格特征）+“偏交际型”（组织文化）+“较好”（工作态度）；

输入方案 3：“偏工作型”（性格特征）+“偏交际型”（组织文化）+“较差”（工作态度）；

输入方案 4：“偏交际型”（性格特征）+“偏工作型”（组织文化）+“较差”（工作态度）。

经过步骤 3 的模拟运行，四个实验方案都得到相应的模拟输出。

在步骤 4 中，现实世界中的实际经验是指，对于输入方案 1 和方案 2 来说，其相应的输出多半是群体行为会向好的方向演化，因为人的性格特征与组织文化是一致的，且工作态度都是积极的，在这两种情形下，任务处理的进度是较快的。对于输入方案 3 和方案 4 来说，其相应的输出多半是群体行为会向不理想的方向演化，因为人的性格特征与组织文化都不一致，且工作态度也都不好，在这两种情形下，任务处理的进度自然较慢。

在步骤 4 中，如果不以现实世界中的实际现象为确认依据，也可以以该研究对象的相关理论中的经典模型作为模型确认的依据。

例如，经典的生命周期曲线模型，由进入期、成长期、成熟期、衰退期四个环节的曲线组成，如图 6.3 所示。一个组织生命周期的演化过程，在没有任何外力作用的条件下，比如领导没有新的改革政策或管理措施实施，就应该与生命周期曲线吻合，否则，就调整模型的细节，然后重新进行模拟模型的验证—确认，这就是所谓的模拟模型确认。

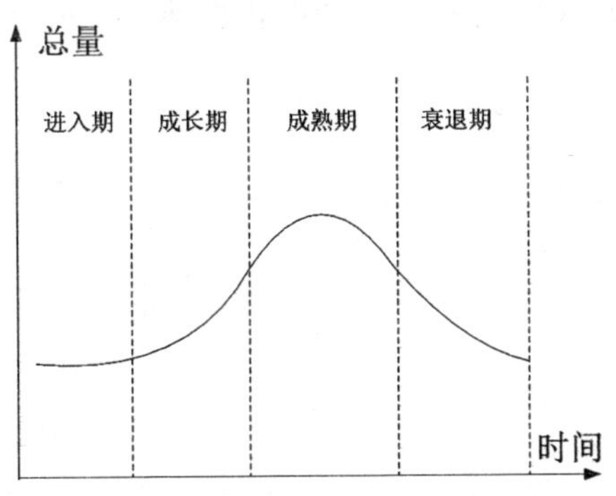

图 6.3　生命周期曲线

又如企业员工的压力管理模型，或称为压力曲线模型，随着企业对员工要求的不断增加，员工的业绩从一开始的负值缓慢增长逐渐转变为正值快速增长。而当企业对员工的要求超过某个阈值时，员工的业绩则开始急速下滑，然后缓慢下降，最终又成为负值，如图 6.4 所示。在模拟员工的压力行为时，可以对该模拟模型进行确认。

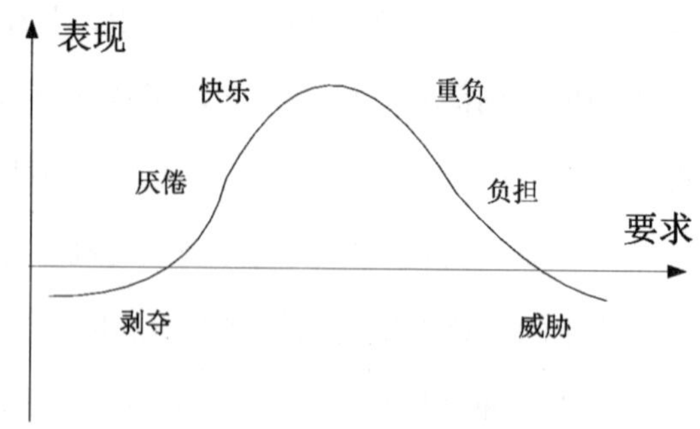

图 6.4　压力管理模型

阻滞增长模型是用来描述在某个封闭区域内人口增长、疾病扩散规律的。其特征是一开始人口缓慢增长或疾病缓慢扩散；然后快速增长、快速扩散；但由于在封闭区域内资源有限或者人口有限，因此后期的人口增长速度放慢，直至增长速度为零，疾病的扩散速度也同样慢慢接近于零。如图 6.5 所示。

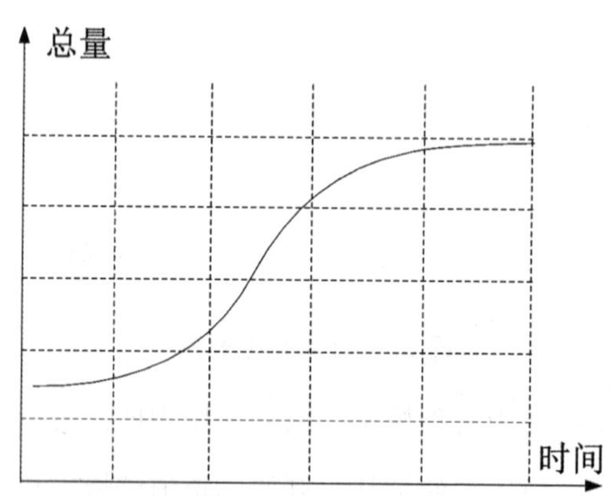

图 6.5　阻滞增长模型

在模拟某些扩散现象时，阻滞增长模型是一个很好的确认依据。

以此类推，现实世界中的实际经验、本领域相关经典理论，都可以作为复杂管理系统模拟模型的确认依据。

第 7 章　社会管理系统模拟研究的基本流程

简介

前面几章中介绍了模拟研究的一些基本方法。这些方法可以针对不同类型的问题展开模拟研究，但是仅仅掌握这些方法还不够。从一个模拟研究项目的整个生命周期看，有大量的环节是项目管理的其他内容。一般来说，成功实现一次模拟研究需要解决以下一些问题：

1. 如何确定所需构建模型的细节程度？

2. 如何进行问题表达和概念建模？

3. 如何确定建模所需的信息？

4. 如何对系统进行调查？

5. 如何定义与构建模拟模型？

6. 如何对模拟模型进行验证？

7. 采取何种措施才能增强模拟有效性和可靠性？

8. 如何进行有效的实验和分析？

9. 如何对实际结果与模拟结果进行统计比较？

10. 模拟过程中管理人员和专家的作用是什么？

11. 如何提交最后形成的分析结果并存档？

上述过程基本上囊括了进行模拟项目研究的整个生命周期。本章就将对上述整个生命周期的各个步骤进行说明。需要强调的是，关于如何实施一个成功的模拟研究项目，并没有标准的方案可以让模拟分析人员实施，只能在项目研究的过程中，结合实际问题背景和用户的要求不断进行调整。本章只是试图给出一些基本的建议和指导意见。

对于模拟分析人员而言，在整个模拟项目中最为困难的问题之一就是如何确保所建立的模拟模型确实能有效地反映所研究的实际系统。本章从实际应用的角度来讨论如何建立有意义的模型。

首先，明确一些主要的概念，如检测（Verification）、验证（Validation）、可靠性（Credibility）。

（1）检测

所谓检测，指的是确定所建立的模拟模型能够被准确地编辑为计算机程序。对于模拟问题而言，实用的模拟模型的规模通常都会比较复杂，因此在检测过程中经常会出现各种各样的问题，从而使得检测模拟模型实际上相当困难。

（2）验证

所谓验证，指的是就所要研究的特定对象而言，确认所建立的模拟模型是否真实地表达了实际系统。具体来说，对于模型验证，需要对以下几方面的内容进行说明。

①在概念上，如果某个模拟模型被验证为有效，则该模型应该可以应

用于类似系统的分析和决策支持。

②模型验证过程的难易程度取决于所要建模的系统的复杂性，以及目前对此系统的掌握程度。例如，对于一个快递收发系统来说，进行模拟建模和分析验证相对简单，因为其运行的细节信息比较简单且容易获得。而如果要建立商战对抗模拟模型，则除了实际对抗之外很难找到可靠的方法对其进行验证。

③模拟模型只能是对实际系统的模拟。因此，没有一种模型能够“真正”被验证。一般来说，在建模上投入越多，模型就越有效。但相应地，模型的成本也会急剧增长。边际效用递减的经济学原理也可以应用于模拟系统建模上，当模型的实际效用达到一定水平，再要通过进一步优化以提高模型的有效性，成本就会急剧增长，而有效性的提高却会非常缓慢。

④任何一个模拟模型都是针对某类系统开发的。因此，很多情况下，模拟模型只对特定类型系统是有效的。

⑤在评估模拟有效性的指标体系中必须包括管理者对模拟模型实际应用结果的评价。

模拟模型验证并不是在建模完成之后只做一次就可以，只要时间和经济条件允许，就应该持续进行。然而，在实际系统开发和运行中，这个原则经常被忽略。这是因为在模拟项目中，系统的基本假设、所掌握的信息以及决策需求经常会发生变化，因此就需要中断对系统有效性的评价。

（3）可靠性

如果管理人员认为某一模拟模型是正确的，则可以认为该模拟模型具有可靠性。需要强调的是，可靠性并不代表模拟模型就一定具有有效性，反之亦然。事实上，可靠性表示在实际应用中管理人员对模型的接受程度。验证、检验以及建立可靠性的关系如图 7.1 所示。

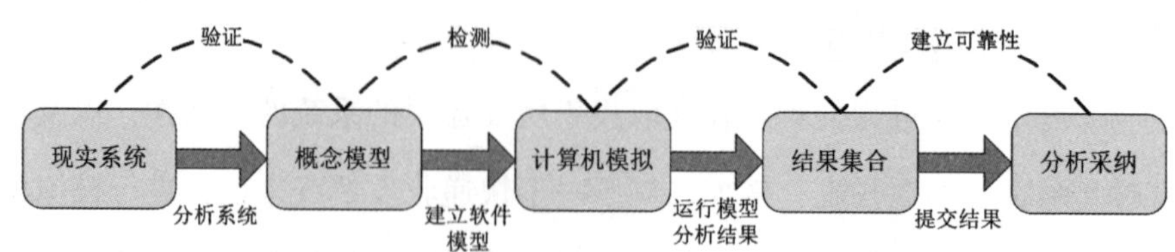

图 7.1　模型的检测、验证与可靠性建立

通过图 7.1 可以发现，验证过程更多的是一个技术分析过程，而可靠性更偏向主观判断。有时候，也容易将验证和输出结果分析相混淆。所谓输出结果分析，是应用统计方法来验证模型的输出结果。而验证则更加需要结合实际系统来评估模型本身是否有效。

换个角度来看，如果需要对系统的均值 μ_s 进行估计，假设已经构建了相应的模拟模型，其对应的均值为 μ_M，则通过模拟模型的运行，可以得到 μ_M 的估计值$\hat{\mu}_M$，则使用$\hat{\mu}_M$ 作为 μ_s 的估计值所可能存在的误差为：

$$|\hat{\mu}_M-\mu_s|=|\hat{\mu}_M-\mu_M+\mu_M-\mu_s|\leqslant|\hat{\mu}_M-\mu_M|+|\mu_M-\mu_s|$$

上式中，不等式右边的第二个绝对值就是验证所要控制的目标，即模型和实际系统之间的误差越小越好，而输出结果分析则是对每一个误差绝对值进行控制。因此，如果想要得到对系统均值的最佳估计，则不但要进行有效验证，也必须进行充分的输出结果分析。

第 1 节　成功的系统模拟项目

大多数现实情况下，出于各种限制，很难十全十美地达到预想的目标。因此，更多是追求满足现实条件的一定程度上的成功，用管理中的概念来讲就是需求满意解而非最优解。

先看一个实际的案例。一个手机供应商开发了一条新的流水线来为某手机品牌制造一系列零配件。但是在流水线系统即将开始运作时，发现其关键的也是最贵的设备并没有达到期望的利用率。由于系统非常复杂，调整成本很高，因此管理人员决定采用模拟方法来进行研究。希望能通过研究分析，对已有的系统进行调整或者是彻底重新设计一个系统，使得关键设备能得到更高效的利用。

系统模拟团队经过对现有系统的仔细分析发现，在现有的生产线配置条件下，是不可能达到理想状态的。接下来就采用了模拟方法对几种不同的配置方案进行开发、设计、建模、运行以及分析，最终选定了一个全新配置的制造系统，并认为是可以满足预期目标的。管理层接受了该团队的建议，利用这一全新配置方案来进行系统建设。然而，新系统建成之后，其结果却并没有达到项目预期。新系统的产出量比预期少 30% 左右，因此管理层宣称这次模拟研究是失败的。

系统模拟团队进一步对系统进行了研究，将模拟模型和现在已经实现的实际系统进行对比。系统模拟团队对实际系统的运作数据进行了采样和分析，并将模拟模型的配置参数设置为完全与实际系统的实际运作一致。运行结果出来之后，系统模拟团队发现模拟模型运行得到的结果与实际系统的产出量几乎是一样的。这说明模拟模型本身没有错误。那么，问题出在哪里呢？

经过进一步的分析，系统模拟团队发现，当初进行模拟模型建模的时候，在对某些加工设备的参数进行设置时，采用了设备供应商所提供的技术资料。而这些技术资料对设备产能的估计过分乐观，在实际系统的运作中，这些设备的产能并没有达到预期水平，最终导致产出量不足。

从以上案例我们认识到，系统模拟团队应该充分意识到实际运行中新设备的技术数据仅可作为参考，还需要根据这些输入数据对输出结果进行充分的灵敏度分析。这样就能对实际产能不同造成的潜在影响进行评估。如果对此产能非常敏感，则可能需要在签订合同时注意加上相应的惩罚条款，用于督促供应商，以尽可能规避由此造成的损失。

那么，如何才算是一个成功的模拟项目？所谓成功，有的时候是指开发了一个好的模拟模型。但更多时候，成功意味着模拟研究的结果满足了管理者的要求。因此，究竟如何才算成功，很大程度上取决于管理者实际的需求是什么。

如果要通过模拟研究来对当前系统重新进行设计，则要求对预期目标有深入的认识。有时只是对管理中的某些问题感兴趣，并想使系统表现得“更好”，则先要对“更好”进行定义。如果“更好”意味着将排队等候人数减少 20%，将周转时间降低 15%，将资源利用率提高 10%，而且满足所有用户的提货时间要求，又不增加任何投入，基本上是一个不大可能的任务。

然而，如果“更好”意味着在这些指标和合理投入之间找出平衡点，这就是一个可以接受的任务——虽然也不容易。

作为一名研究人员，通常只是被告知要进行什么研究。在这种情况下，对决策人员意图的审视和辨别，以及对所要模拟的项目进行充分的评估就更为重要。

面对新公司的新的模拟项目，一般要经过多轮研究才可能取得成功。但是，首次研究的失败往往意味着没有第二次机会了！

因此，建议在多个模拟方案中选取最简单的，而且其目标显而易见是正确的方案。这样，通过不断累积的成功，才能够承担得起以后可能的失败。

此外，即使模拟方法成功了，有时也没有办法让管理者真正理解模拟方法本身的贡献。比如，如果将模拟作为一种标准工具用于新系统的设计，而且新系统实际的运作与预期一样，那么你又有何贡献？如果不使用模拟方法进行分析，结果会有什么不同？

对所谓模拟研究项目的“成功”，技术人员和管理人员的理解是不同的。因此，在操作层面上，应该尽量理解管理者的基本理念，这对于后续的模拟研究和开发是十分有益的。

以下几节将针对模拟研究的整个生命周期的各个阶段分别进行分析和讨论。

第 2 节　系统模拟的基本流程

7.2.1　确定建模关注层次

任何模型都是对实际研究系统的模拟，即只需要对所关注的某些方面进行有效建模即可，而不是对实际系统不分巨细地复制。因此，在具体建模中，建模人员首先需要考虑的就是研究目标系统关注的那些方面或层次。通过实践发现，如果在建模中能够有效地对关注重点进行选择，则往往能够得到更为高效的模型，而且成本更低。虽然对实际系统的全部细节进行模拟，能够得到更为“真实”的模型，但是由于时间、成本以及计算机技术条件的限制，这种理想状态几乎无法在实际项目中实现。

例如，一个手机生产商的流水线上每天生产 1 万部手机。对此流水线进行模拟，如果将每部手机都视为一个实体对象来进行建模，模型的规模会非常大，运行起来对计算机资源的消耗非常高。根据实际业务分析，将每部手机视为一个单独的实体来考虑没有意义。因此在建模中，将这 1 万部手机作为一个实体进行处理，可以大大简化模型的复杂性，且更为重要的是，模型的质量并没有降低，还可以将时间和计算机资源用于其他更重要的建模关注点。

总体来说，模拟的系统越多、越精细化，建模的成本就越高。而且随着精细化程度的提高，建模时间和成本会增长得非常快速。一般来讲，需要根据实际情况和研究目的，选择合适的模拟关注点。

然而，对于一个具体的模拟模型，如何确定模拟对象并没有标准的方法。下面且给出一些一般性建议。

①准确定义需要研究的问题。例如，对一个工厂而言，如果感兴趣的是产量，原材料假设足够，则不需要在模型中对库存管理进行建模。但是，如果原材料供货紧张，此时就需要考虑库存管理模型。

②模拟模型中的实体并不需要和实际系统中的对象一致。只要不影响模拟质量，应该尽可能简化细节。

③认真考虑专家意见。资深专家往往能一针见血地指出建模中的关键。

④敏感性分析非常有必要，敏感性分析可以有效确定哪些对象会对所希望得到的指标体系造成显著影响，从而有助于确定对哪些对象应该进行更为深入的建模。

⑤从尽可能简化的模型开始，不要一开始就陷入具体细节，而丧失了对整个系统的全局观察。

⑥有时对问题进行简化而忽略部分细节是非常必要的。但是这种忽略也可能会造成模型有效性和可靠性的降低，必须不断进行评估。

⑦建模的细节必须与所能获得的数据细节相一致。有效和充分的数据是确保模拟项目有效运行并提供可靠结果的基础。

⑧此外，还需要结合模拟项目的可用时间和经费预算，来考虑建模的细节水平。

模拟方法的重要优势在于能够对复杂系统进行有效的建模与分析。为了研究复杂系统问题，需要对模型进行一定程度的简化。在能充分反映系统各方面特性的前提下，模型越简单越好。随着模型复杂性的增加，模型的实际效用首先会不断增加，因为这个时候模型复杂性的增加会增加系统的必要细节。但是模型复杂性增加到某个程度以后，模型的实际效用反而可能下降。因为，更多的系统细节并不是需要关注的问题，反而增加工作成本。所以，实际工作中，模型达到满意的复杂度即可。

7.2.2　问题和研究目标

接下来，就要对问题进行定义，并形成研究目标。多数情况下，分析人员只知道用户基本的需求。要先通过调研来了解问题的背景，才可能对问题进行清晰的定义。有可能最后需要处理的问题和最初的设想相差甚多。

有些系统满足不了客户的需求，客户想知道：如何对系统进行改造？有些项目试图直面未来的问题，也就是设计新系统要面对的问题。还有一些模拟项目是针对已经设计好但未建成的系统，通过模拟运行看其是否能达到预计的效果。

下一步需要确定的是：系统是否已经存在？是否需要从零开始设计？接下来，需要对系统所涉及的内容进行界定。在对边界进行了确定之后，就需要确定研究目标和相应的评价指标体系。需要考虑的指标包括两类。第一类，用于评价所研究系统的性能，如产出量、排队时间等。第二类，用于评价研究本身是否成功。需要将目标具体化为多个标准。例如，对于一个餐厅来说，顾客关心的是能否让自己满意。这个指标需要进一步进行分解和量化，比如，就餐环境、服务质量以及食物的品质等。

通过以上分析，对目标系统有了一个比较全面的认识。下面则需要对实际系统进行具体的调查，为后续的建模收集必要资料。

7.2.3 系统调查

系统调查的具体形式有许多，取决于问题的规模、分析人员与客户之间的互动以及双方对细节问题的磨合程度等。如果是为了解决个人遇到的问题，则这个步骤可以直接和模型创建合并。

如果目标系统是实际存在的，则进行实地考察，并对系统工作人员进行访谈。在系统调查阶段，关注的重点应是系统分析，应首先考察如何才能优化流程，然后再考虑是否能建模实现。

如果要新建一个系统，那最好寻找一个类似的系统进行考察。通过对比，至少能了解基本的流程。如果没有类似的系统，首先要为新系统绘制出流程图和结构图。总之，在这个阶段要尽可能了解流程的细节。

随着对模型的逐渐深入且全面的了解，需要将相关部门召集在一起开会沟通。这个过程要考虑以下因素：

- 模拟研究的目标；
- 系统描述和建模方法；
- 模型输入与输出；
- 项目的可交付性。

需要各个部门一起对所有考虑到的细节进行商讨，此时商讨的重点仍然应放在系统本身而不是模拟上。在这个阶段中，经常会涉及的问题包括：

1. 模型中应该囊括哪些内容？

2. 模型应该细化到什么程度？

3. 系统中的基本资源包括哪些？

4. 是否可以获得流程图？

5. 对于系统运作，是否有物理、技术或者法律的约束？

6. 是否有设定好的工序？

7. 决策应如何制定？是否有例外情况？

8. 哪些数据是可用的？

9. 由哪些人收集和整理数据？

10. 如果所需数据不存在，谁能提供估计值？

11. 需要什么样的展示效果？

12. 由哪些人对模型进行检验和验证，以及如何进行？

13. 基本的性能指标有哪些？

14. 模型的专用性应该到什么程度？

15. 需要考虑多少种方案？

16. 项目的主要阶段性成果有哪些？

17. 项目完成后交付哪些成果？

落实到具体项目上，可能会有更多的问题需要回答。

客户方由 3–6 人组成，分别来自目标系统的各个部门，他们具备关于系统的不同专业知识和工作经验。但是这些人员之间在对系统某些细节的认识上也可能存在各种矛盾。此时，把问题留给客户方团队，让他们自己达成统一意见。

大约 70% 的情况下，客户团队能提供所需信息。大约 20% 的情况下，该团队不知道答案是什么，但是他们知道如何才能获得这些答案。大约 10% 的情况下，大家不知道该如何回答，或者是他们的回答大相径庭。这种情况下，可以继续询问，也可以先搁置下来，等到合适的时候再询问。

此后，分析人员对所采集到的信息进行分析和归纳，形成报告文档，然后就可以将之交付给客户评估。在双方都认可的最终文档形成前，可能存在多次修改。另外，在以后的模拟研究过程中，一旦发现某些基本条件发生改变，或者某些数据不可获得，同样需要对文档进行修改。

调查难以一蹴而就，在以后的建模和分析过程中，一旦有需要，就要展开重新调查。这种项目开发方法称为滚动式开发方法。

7.2.4　确定信息需求

确定系统的信息需求，首先要了解所研究的系统中有哪些运行过程，其结构如何，其运作流程是什么，有哪几类数据属于输入数据，以及所能采集到的输入数据的具体数值是多少，等等。这个过程需要与系统管理者和有关专家进行全面沟通，并进行实地考察。

确定信息需求的目的包括以下几个方面：

- 确定系统运行的整体结构。
- 提炼关键的影响因素。
- 将流程和运行时间进行必要的分割。
- 理清不必要的细节。
- 确定并区分系统的输入变量以及输出变量。

确定信息需求的过程，就是提炼能作为系统和要建立的模型之间的"桥梁"的关键信息。以此而言，所需的系统内数据包括三类：结构信息（structural information）、运行信息（operational information）、定量数据（quantitative data）。

（1）结构信息

即需要进行建模的系统内的静态对象与结构，如实体（客户）、资源（服务窗口、通信带宽）、队列（餐厅 FIFO 队列、库房的 LIFO 堆栈）等。

由于在系统模拟过程中，所有对象的活动都可以视为实体在系统中的流动，因此根据对实体的数据采集，可以得到实体流图（entity flow chart）。图 7.2 所示为商品和顾客两种实体的实体流示意图。

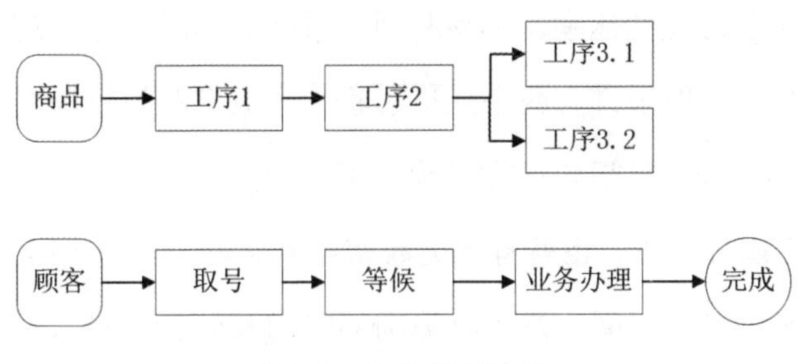

图 7.2　实体流示意图

（2）运行信息

即系统运行的逻辑。例如，触发事件或活动的条件，事件发生的先后顺序、地点，事件发生的后果以及对实体、资源等对象的影响，等等。相对于结构信息，运行信息描述的是系统的动态特征。在上述实体流的基础上，可以进一步对运行信息进行采集，即参照实体流图中实体的整个流动过程，将所有相关运行的详细步骤进行整理并汇总。表 7.1 中汇总了病人诊疗系统的运行信息。

表 7.1　病人诊疗系统的运行信息

工作站	活动时间	所需资源	下一个工作站	条件
挂号	T1	护士	候诊区	无
候诊区	T2	护士	科室	视医生空闲
科室	T3	医生	划价	无
划价	T4	出纳	离开	无

由此得到了病人诊疗系统中所有有关运行的细节信息，如实体的整个流程、所经过的工作站的顺序、所需的资源以及进行下一个活动的条件等。原则上，据此就可以构建出模型的整个逻辑框架了。

（3）定量数据

表 7.1 中每个工作站的活动时间就是定量数据。具体来说，定量数据是在上述前两种信息的基础上，进一步描述系统的量化信息，如设备个数、设备产能、单位时间到达率、活动时间、故障间隔时间等。例如：对于单窗口排队系统，一般来说有两个随机过程，也就有两类数据需要采集和分析，即顾客到达间隔时间和顾客的接受服务用时。对于汽车转运站系统，可能会有五个随机过程，也就有五类数据需要采集，即汽车到达间隔时间、调度等待时间、装车时间、汽车故障间隔时间及处理时间。每一类数据都要按照输入数据分析的过程进行处理，找到它们相应的概率分布函数，用于进一步的建模。

7.2.5 模型定义与构建

掌握了系统建模所需的信息后，可据此建立概念模型，得到建模分析报告。接下来，基于建模分析报告对模拟模型进行定义和构建。

例如，构建一个库存容量为五十万件大型仓库的模拟模型。需要构建一个包含存储状态变化信息的数据结构，以便模拟模型的访问。如果用户只关心装卸工和仓库管理员的数量，则甚至都不需要存储模块的数据。对此，只需创建基于随机需求的模型即可。然后在模型中只需控制装卸工和仓库管理员的行为，即可以得到所需结果。如果关心进一步的细节，则可以构建更为细致的模型。

另外，还需要考虑不同方案可能造成的潜在影响。是否需要为每个方案都构建一个独立模型？或者是通过一个一般性的模型，只对某些参数和变量进行调整即可？例如上述的仓库模型，如果要对人工装卸操作和自动化装卸操作两种方式进行比较，则可能需要构建不同的模型。而如果只是对部分布局进行了调整，则只需构建一个模型来调整位置距离参数即可。

一旦对建模所采用的数据结构进行了定义，下一步就可以考虑需要哪种模拟软件，以及哪些具体的功能来进行建模。

7.2.6　检测与验证

检测是要确保计算机内所构建的程序或模型的确是如建模设计方案那样工作，也就是对计算机程序或模型进行调试。而验证则是确保模型的确如实际系统那样运作。

在进行检测之前可以先构建动画效果，表现模型运行的必要细节。动画效果有助于对模型的控测与验证。接下来，就需要对所考虑的不同方案进行观测。根据不同方案的设置，对模型进行多次测试，以观察模型是否仍能正常运行。在成本约束下，将重复实验次数设置为足够多，让模型持续运行足够长的时间，了解长时间运行时，系统是否会出问题。在运行结束后，要对运行报告进行详细评估，特别是对异常的队长、利用率极低的资源进行分析，判断运行结果是否合理。通过检测分析，确信模型的运作是正确的，才可以进行进一步的检验。

然后将客户重新召集，将模拟模型展示给他们看。如果客户认为模型没有问题，就需要通过设置不同的参数进行多次运行，以确保模型的确可以通过检测。可以建议客户提出对模型的设置要求，并观测运行。因为客户可能会对某些特殊情况更为熟悉，会提出分析人员没有考虑到的情形，而且他们也更容易通过演示来判断模型运行是否正确。

同时，在演示之前，要考虑演示需细化到何种程度。对于客户的疑问要谨慎对待。因为客户更了解系统，能根据自己的工作经验进行印证。

如果系统比较复杂，则难以对模型进行彻底检测。已经通过检测的系统也可能在以后的运行中，出现各种故障。例如，手机系统在上市之前肯定经过了检测，但上市之后，还是会出现各种问题。对于这种情况，应对的关键是分析人员在模拟技术上的经验和能力、客户对系统的熟悉程度和敏感度以及分析人员与客户的沟通情况等。

模型通过检测后，紧接着要考虑的是：这个已经能够正常工作的模块是否如实反映了实际系统的情况？

要验证模型的有效性，需要将模拟模型的运行结果与实际系统的运行结果进行比较。如果实际系统不存在，则无从比较。即使实际系统存在，如果其准确数据记录无法获得，也无法验证模型的有效性。此时，需要将重点放在检测上，并请系统专家来对模型的有效性进行评估。

如果模型通过了验证，并可以真实反映实际系统，则可以利用此模型来研究目标系统。

通过以上的讨论，可以发现模型的检测和验证是非常困难的。

7.2.7 模拟模型的检测方法

本节将介绍八种用于调试计算机程序模型的方式。

（1）逐级建模

在建立模拟模型时，先建立子模块、子程序，并分别进行调试，然后再逐级调用和建立完整的模型。

（2）多人互查

在建立大型模拟模型时，要由两名以上开发人员共同对同一段程序或模块进行检查，以避免个人思维定式带来的错误。

（3）用数据检测

通过不同数据参数的设置来对模型进行验证。一类是将已知实际系统输出的结果数据输入到模型中，进行检查；另一类是对临界状态的检验，即通过输入一些临界值来检查模型是否按照设计思路运行。

（4）追踪

对于离散事件模拟而言，控制程序每发生一个事件，就暂停系统的运行，收集各种状态变量以及统计计数器的当前值，并根据人工计算结果进行比较，以检测模拟模型是否按照所设计的机制运行。

（5）由简入手

在选定初始状态和参数时，选择简化的形式，以保证可以比较容易地通过人工计算得到相应的结果。

（6）借助动画效果

通过模拟软件的动画效果提供直观的展示方式，有效地从全局观察模拟模型是否按照所设想的机制运行。

（7）与理论值比较

通过对输入分布所生成的样本均值和方差与该概率分布的理论值进行比较，进行模拟模型检测，从侧面确定由输入数据拟合函数生成的数据是否是所需的。

（8）软件模拟

对于一些标准化的系统，如制造系统、通信系统等，尽可能采用专用的模拟软件进行模拟，以提高编程效率和准确性。

7.2.8　增强模型有效性和可靠性的方法

本节将介绍六种增强模型有效性和可靠性的方法。

一、提高收集信息的质量

充分利用所有条件来获取高质量的信息。

1. 与客户特别是领域专家进行充分沟通，以获得关键信息。这些信息往往关系到系统的基本配置和体系框架。

2. 实地观察实际系统的运行，并采集相应的运行数据。对数据采集有两方面基本要求：一是确保提供数据的人员清楚具体的数据需求；二是分析人员要了解数据产生的流程。这些基本要求是为了确保数据是有效、可靠和可获得的。

3. 结合已有的理论来分析可能的数据分布。例如，对于邮局模拟而言，多数情况下，可以认为客户到达间隔时间是独立同分布的指数分布。

4. 有时可以借鉴以往类似的模拟研究成果，这样可以大大缩短建模前的摸索时间和降低建模成本。

5. 最后，建模和分析人员的经验和直觉也很重要。

二、与管理人员进行有效沟通

整个项目周期中，为了确保模拟项目的顺利进行和有效应用，开发人员必须时刻与管理人员保持良好的沟通。

首先，通过有效沟通，才能彻底和准确地把握所要解决问题的目标和相关信息，才能使模拟模型有实际意义。其次，与管理人员的有效沟通也可以保持和激发管理人员对模拟工作的兴趣，有利于模拟项目的顺利开展。最后，管理人员是模拟模型有效性和可靠性的最终评价者，与之保持有效沟通的重要性不言而喻。

三、建立概念模型报告

在与管理人员进行有效沟通和充分采集信息后，需要对信息进行汇总，形成概念模型和建模分析报告。

以上的信息收集和汇总过程是分别针对系统中不同部门及人员进行的，一般存在着理解上的不一致。因此，为了能够确保模型的有效性和可靠性，需要将相关的管理人员和专家汇集在一起，对概念模型文档进行评价。这个步骤很重要，因为在前期工作中，很多分析都集中在细节上，缺少一个宏观的整合，对于复杂系统而言，许多问题都可能出在各个部分相互整合的过程中。

这个过程需要分析人员、管理人员和专家的通力合作，因为管理人员和专家也未必会对自己所面对的系统有全面清楚的认识，而建模分析报告提供了一个视角，使所有的意见可以在一个完整的框架下进行协调和整合，从而形成可以接受的方案。

四、通过统计方法分析模型内容的有效性

模拟问题中广泛存在随机性，因此在建模和分析的过程中，可以采用统计分析方法来分析不同对象的有效性。

五、分析输出结果

检验一个模拟模型的最终有效性的方法就是分析输出结果，看它是否和实际系统的输出结果近似。如果所模拟的系统是已经确实存在的，则可以通过使用同样的输入数据来将模拟模型得到的输出结果与实际系统的输出结果进行比较。如果得到的结果十分接近，那么可以认为所建立的模型是有效的。

有实际系统，还构建对应的模拟模型，是因为通过控制模拟模型可以在一定程度上预测未来，为实际系统的运行提供指导。事实上，有许多金融机构始终将模拟系统较现实提前 1 天来模拟整个金融市场的运作，从而为预测股票、债券、期货或汇率的涨跌进行决策支持。此外，对模拟模型进行调整的风险和代价要远远小于实际系统，因此可以采用模拟模型来作为预演。

如果是对不存在的系统进行模拟建模，虽然无法得到实际的输出结果，但是对模拟模型的输出结果进行分析也是十分必要的。这个时候就需要领域专家利用自己的经验、专业理论和知识，对还不存在的系统的模拟模型的输出结果进行评价。

六、通过动画演示

可以通过可视化演示来辅助评估有效性和可靠性。动画演示提供了一种直观的展示，便于用户进行观察与评估。而且，随着计算机处理速度的提升、可视化技术的快速发展，模拟可视化技术在模拟研究中的作用逐渐增强。

7.2.9 实验与分析

在得到通过检测和验证的模拟模型之后，运行模拟模型，并对运行效果进行分析，这个过程就是实验。理想状态下，在进行分析之前，应该已经对模型进行了一系列实验，获得了分析所需的足够数据。但这过于理想，在有些情况下，没有精力进行这些工作。更有甚者，可能事前根本就不知道需要分析什么。

在实验与分析中还需要注意，不要仅仅根据直接得到的性能指标数据就轻易做出决断,一定要确定得到的结果是基于足够完善的统计分析检验过程。如果能够确定某一系统优于另一系统，则意味着两者之间的差异一定要在某个阈值水平上足够显著才行。有时，即使在统计上足够显著，也未必就能说明问题，还需要返回并结合管理本身的逻辑予以进一步综合评估。

7.2.10 实际结果与模拟结果的比较

下面将简单讨论如何对实际系统的观测结果和模拟模型的输出结果进行统计分析和比较。

设从实际系统观测到的结果为 R_1，R_2，…，R_k，而从模拟模型中得到的输出结果是 M_1，M_2，…，M_l，通过对这两个数据集进行比较，以确定此模型是否准确地反映了实际系统。经典的统计检验方法，如 t 检验、Y 检验、K–S 检验等，可以确定两个不同的数据集的分布是否相同。但是，所有现实世界中的系统及其模拟模型都是非稳态且具有相关性的，不满足经典统计检验方法要求的独立同分布的条件，因此上述经典检验方法都不适用。下面就讨论适合对上述问题进行处理的检查方法和置信区间方法。

一、检查方法

这个方法要求实际系统和模型都是基于同样的历史输入数据来运行的，可以将模拟模型得到的结果和实际系统的真实结果进行比较。这样就能尽量消除由输入数据的随机性带来的干扰。此方法称为相关检查方法，因为所得到的实际系统观测结果和模拟模型输出结果是高度正相关的（因为输入数据完全相同）。这个方法更多是用来验证模拟模型的假设是否合适，而不对拟合输入概率分布进行考虑。

总之，通过相关检查方法，可以更好地检查模型本身是否能代表所研究的实际系统。事实上，大多数模拟项目只能检查到这个程度。

二、基于独立数据的置信区间方法

这种方法在可以获得大量的可用数据的情况下是有效的。例如，对于银行系统的模拟，由于系统的历史数据得到了很好的保存和归档，因此可以有效地应用此方法进行分析。

假设在一个模拟项目中，可以从实际系统获得 m 个独立的观测数据集，从相应的模拟模型获得 n 个独立的输出结果集。设 X_j 为实际系统第 j 个观测数据集的均值，Y_j 为模拟系统第 j 个输出数据集的均值。则 X_j 是独立同分布的随机变量（假定这 m 个实际系统观测数据集合都是同分布的），均

值为 $\mu_x=E(X_j)$，Y_j 是独立同分布的随机变量（假定 n 个模拟模型输出数据集合是通过独立的重复实验获得的），均值为 $\mu_y=E(Y_j)$。因此，可以通过构建检验量 $\delta=\mu_x-\mu_y$ 的置信区间，来比较这两个随机变量。这里，之所以相信通过构建 δ 的置信区间就可以检验默认假设 H_0：$\mu_x=\mu_y$，是出于以下两个理由：

①模型结果仅仅是实际系统的近似值，因此严格来说，H_0 在任何情况下都是不成立的。

②从统计上来说，置信区间比相应的假设检验能提供更多的信息。即如果假设检验的结果仅仅是指出 $\mu_x\neq\mu_y$，则通过置信区间就不仅能够得到这个结果，而且还能够提供更多关于 μ_x 和 μ_y 的不同程度的信息。创建 δ 的置信区间是通过均值置信区间来进行两系统比较的一个特例。

7.2.11 结果提交与存档

到这里已经完成基本的研究过程，需要对所得到的结果进行总结。也许只需提交一份报告。这一步几乎可以视为整个项目最具决定性的环节。因此，报告的撰写技巧非常重要。这里说明几个关键点。

首先，要找准问题的关键，并且回答要简明。报告过程中，注意听众的反应。将数据或事实放在附录中，避免陷入对具体数据的讨论。

另外，归纳结果的总结文档，除了最终的结果报告和建议，还应该包括其他相关的重要文件。对于重要的项目，可能需要不断地进行重复研究和评估，这时完善的文档能提供巨大的帮助。

如果按照本章的过程逐步操作，应该已经具备了大多数的文件。用户只需要将这些材料保存好以备将来使用即可。这样，基本上就已经完成了主要的归档工作。

完整的生命周期是一个不断重复、反馈的螺旋式学习过程。在整个生命周期中，不但随时可能要返回到之前的步骤进行重新评估和调整，而且分析人员一定要时刻与客户保持良好的沟通。

第 3 节　系统模拟研究的成本

选择模拟技术必须考虑的一个因素是，技术需要的成本不能超过期望的收益。通常来说，从短期来看，模拟技术是昂贵且耗时的，因为要开展一个模拟项目所需的前期投入，例如人员培训、软件购买、系统编程等，费用会很高。但是从长期来看，模拟项目的运行成本只占总成本的 1% ~ 3%，而未来收益却会越来越高。

相对来说，其他技术可能开始时成本低，但是越到后期，需要追加的成本越高。选择模拟技术，要严格控制成本，特别是尽可能不要出现“返工”。如果在后期的运行分析阶段甚至决策实施阶段发现了问题，则需要对整个模型进行调整，这样的代价会非常大。

另外，在选择模拟技术进行分析时，还要考虑时间成本。如果是需要立刻得到答案的问题，则不适合采用模拟技术。一般来说，使用模拟技术不大可能立刻得到答案。即使问题十分简单，系统规模也十分小，但是模拟技术这一方法本身就决定了问题不可能在短时间内得到答案。

第 4 节　管理者在系统模拟研究中的角色

在模拟项目研究中，与管理人员保持有效沟通十分重要。因为他们是判断项目成功与否的评价者，更是项目的实际执行者。因此，社会系统中的管理人员需要对模拟方法有基本的认识。对于管理者来说，在模拟项目中，应该承担以下责任：

①能清楚描述问题的目标。

②能指导相关人员提供建模人员所需的信息，并能够积极参加系统概念模型的整合。

③理解模拟结果并愿意将之用于决策支持。这一点十分重要，社会管理模拟系统的运行结果对于许多不了解模拟方法技术的管理者而言，是缺乏可信度的。往往付出极大成本获得的模拟结果，最终决策者却弃之不用。解决这一问题的根本方法是尽可能使管理者增加对模拟系统的了解。

同时，模拟项目还需要有关专家和技术人员参与。对于许多项目而言，在组建模拟项目工作小组时，会吸纳一些技术人员，让他们在一段时间内全职参与。总之，在一个成功的模拟项目中，管理人员和专家的积极参与是项目成功的关键之一。

小结

本章对一个成功模拟项目建设的基本流程进行了介绍，并较少使用数学公式表达。这是由于涉及组织结构、流程分析、管理沟通等复杂的现实问题，所以难以进行严格的数学表达。

本章对模拟项目建设的各个环节给出了尽可能详尽的说明，以帮助读者提高解决实际问题的能力。

首先，对如何判定模拟模型的有效性、可靠性等问题进行了说明，并定义了检测、验证等重要概念。在讨论了何谓“成功”的模拟项目之后，对整个模拟研究生命周期的各个阶段进行了讨论，认为确定一个模拟项目的合适建模水平，可以在模型复杂度与模型实际效用之间取得一个平衡。之后，就要对系统所面临的问题进行准确的描述。

在此基础上，开始全面而缜密的系统调查，包括确定进行模拟分析的信息需求。通过调查方法，可以获得所需的信息，包括结构信息、运行信息等。接下来，根据查到的信息和数据进行模拟模型定义和构建。

对于模拟模型建立后，又介绍了几种常见的可用于模拟模型检测的方法，以及如何增强模型的有效性和可靠性。获得有效模型后，需要对模型进行实验和分析。对已经完成的模拟研究项目的最后结果要进行存档。模拟技术虽然在短期内成本较高，但长期来看对项目的成功是有极大支持作用的。在模拟项目研究中，管理人员应担负起一定的责任。有关管理人员和专家的积极参与是模拟项目获得成功的关键之一。

第 8 章　竞争性实验模拟方法

第 1 节　啤酒馆模拟实验

啤酒馆游戏是 20 世纪 60 年代，麻省理工学院的史隆（Sloan）管理学院所发展出来的一种策略游戏。史隆管理学院的学生们，各种年龄、行业背景都有，有些人甚至早已经手生产、配送和销售业务。然而，每次玩这个游戏，相同的危机还是一再发生：零售商、批发商、制造商起初都严重缺货，后来却严重积货，然而，消费者的需求变动，却只有第二周那一次而已！如果数以万计、来自不同背景的人参加游戏，都产生类似的结果，其中原因必然在个人因素之外，而是藏在游戏本身的结构里面。

8.1.1　实验运行规则

在游戏里有五种角色：制造商，分销商，批发商，零售商，还有顾客。其中，啤酒制造商、啤酒批发商、零售商这三个个体之间，透过订单、送货来沟通。也就是说，下游向上游下订单，上游则向下游供货。各个角色拥有独立自主的决策权，可分别决定向上游下多少订单、向下游销出多少货物。至于终端即消费者，则由游戏系统自动来扮演。而且，只有零售商才能直接面对消费者。

8.1.2　实验模拟过程

一、零售商

首先，假定你扮演零售商。啤酒是你店里一项利润较高的营业项目。平均来说，每周上游批发商都会送货一次，顺便接收一次订单。你这个礼拜订购的货物，要隔 4 周才会送来。

“情人啤酒”是其中一个销量稳定的品牌。每周总会固定卖掉约 4 箱的情人啤酒。顾客多半是 20 来岁的年轻人。

为了确保随时都有足够的情人啤酒可卖，你决定把库存量保持在 12 箱。所以，每周订货时，“订 4 箱情人啤酒”已成为你的习惯。

实验中我们把进货、订货、售出、原本库存量、结余库存量这五项数字作为关键变量进行记录。接下来，就让我们来看看啤酒游戏的进行，零售商如何应对客户的购买行为、上游的进货行为。

零售商（1 — 6 周）

第一周：风平浪静。

一如往常，卖出 4 箱、进货 4 箱、结余 12 箱。所以你也向批发商进货 4 箱。

第二周：多卖了 4 箱。

比较奇怪，情人啤酒突然多卖了 4 箱，销量变成 8 箱。因此，店里库存就只剩下 8 箱。虽然你不知道为什么会突然多卖了 4 箱，也许只是有人举办宴会，多买了一些啤酒吧！为了让库存量恢复到 12 箱，你这个礼拜向批发商多订了 4 箱，也就是订了 8 箱。

第三周：还是一样。

这一周跟上一周一样，还是卖出了 8 箱。批发商的送货员来了，送来的情人啤酒数量，正是 4 周前向他所订的 4 箱。情人啤酒的库存量只剩 4 箱了。如果下个礼拜销售量还是这样的话，下个礼拜结束时，就要零库存了！为了赶快补足库存，你本来打算只订 8 箱；但是，怕销售量会再上升，为了安全起见，你多订了一点，订了 12 箱。

第四周：原来如此。

这一周，还是跟上一周一样，卖了 8 箱情人啤酒。你抽空问了一下买情人啤酒的客人，才知道：原来在第二周时，有个歌星的新专辑的主打歌里，结尾是一句“我喝下最后一口情人啤酒，投向太阳”的歌词。可能是这个原因，所以销售量就变多了。这一周进货量为 5 箱，嗯，批发商也开始响应我增加的订单了。你预期销售量可能还会上升，而且库存也只剩下 1 箱了。所以，这一次一口气订了 16 箱。

第五周：库存没了。

本周，还是卖了 8 箱。进货 7 箱，表示上游批发商真的开始响应了。不过，库存清零了。望着空空的货架，你决定跟上周一样，订 16 箱，以免落得“流行啤酒没货”的窘状，影响商誉。

第六周：开始欠货。

太可怕了！本周只到了 6 箱情人啤酒而已。还是有 8 箱啤酒的需求量，但库存已然耗尽。你只好跟两位预约的老顾客说：只要到货，一定先通知你们。望着空空的货架，想着：要是还有货，不知道可以多赚多少钱呀，真可惜。好像在方圆百里内，只有你这一家才有卖情人啤酒。而且，照顾客预约的情况来看，情人啤酒的抢手程度好像还会增加——以前可从来没有人会预约的。本来想再多订一点，但一想到前几周多下的订单，可能就快送过来了，于是你抑制住冲动，还是维持原状：订了 16 箱。希望本周欠 2 箱的惨状能赶快解决掉。

零售商（7 — 9 周）

第七周：依旧。

这一周，还是只到货 5 箱。5 箱情人啤酒，刚把其中 2 箱卖给上周预约的顾客，不到两天，剩下的又卖完了。更惨的是，有五位顾客留下他们的联系方式，希望你一有货就通知他们。结果，本周欠了 5 箱货。你另外订了 16 箱，并希望下周会真正开始大量到货。

第八周：火大！

还是只进货 5 箱。火大了！“该不会是制造商的生产线还没赶上增加的需求量吧！真是的！反应这么慢！”本周，你订了 24 箱，以免欠货量越来越大，否则生意就很难做下去了。

第九周：……

先别急，让我们换个角色，看看批发商的情况。

二、批发商

批发商（1 — 8 周）

循规蹈矩的批发商。你代理了许多品牌的啤酒，情人啤酒也是其中之一。比较特别的是：你是本地的情人啤酒独家代理商。你本周向制造商下的订单，通常约 4 周后会送过来。因为情人啤酒销售量一向稳定，每周销给零售商的总数量差不多都是 4 卡车的量，所以，你固定每周向制造商订 4 卡车的情人啤酒，维持 12 卡车的库存。

第一至二周：一如往常。第一周，像往常一样，所以，你还是向制造商订 4 卡车啤酒。

第二周，有一两个零售商多订了一点情人啤酒，不过，总订单数量变化不大，这是正常销量波动。所以，你还是向制造商订 4 卡车啤酒。

第三周：小波动。好像有更多的零售商多下了一点订单，所以，你多销出 2 卡车的情人啤酒，库存也减少了 2 卡车的量。为了恢复原先所维持的库存量，你向制造商多订了 2 卡车，也就是订了 6 卡车的情人啤酒。

第四至六周：持续畅销。第四到六周，情人啤酒的销售情况似乎越来越好，使零售商下的订单越来越多。但是，上游制造商给的货还没增加，没办法同时满足所有零售商的需求，所以，只能一边给他们比平常多一点点的情人啤酒，一边向制造商多下一点订单。等到制造商送过来多一点的数量，才能满足零售商下的订单。

第六周，某一天，你偶然听到一首流行歌曲有“情人啤酒”的字眼，恍然大悟！可能这种畅销趋势还会持续好一阵子……

第六周结束，库存量变为负数了，总共积欠了 8 卡车的数量。真惨！赶紧向制造商下 20 卡车的订单！

第八周：越来越惨。零售商的订单持续增加，制造商的进货量却还没反应过来。对零售商积欠的数量也一直增加，到 –40 箱了。你开始着急了。打电话和制造商联络，赫然发现他们居然两个礼拜前（也就是第六周）才增加生产量！“他们真是反应迟钝！我要怎么跟下游零售商交代呢？只好先比照上个礼拜的数量给他们了……”从零售商方面传过来的订单越来越多，情人啤酒的销售业绩似乎真的一直在长，于是把向制造商下的订单提高到 30 卡车，但愿能赶快把积欠订单消化掉。

批发商（9 — 17 周）

第九至十三周：订单持续增加、存货持续赤字、进货缓慢增加。总之：情况持续恶化！可怜的你，开始增加流连在附设酒吧的时间了，因为你开始害怕接听零售商打来的抱怨、催货的电话了。显然的，情人啤酒制造商也跟你有一样的逃避想法，因为你也开始找不到他们的负责人员。

第十四至十五周：进货终于大量增加了，积欠数字也终于可以开始减少了。这时，零售商送来的订单也减少了，你想，可能是这两周送给他们的货，多少缓解了他们的一些压力吧！

第十六周：到本周，你几乎已收到可以满足前几周所接订单数量的货：55 卡车量。望着成堆的啤酒箱，你想："这些啤酒很快就可以卖出去了，终于可以痛痛快快地大赚一笔。"可是，零售商送过来的订单，却一个个都变成了零？"怎么搞的？前几周，他们不都一直嚷嚷着要多一点啤酒吗？怎么我有了足够的货，他们反而都不要了？"一股寒意涌上心头，你赶紧取消向制造商发出的订单。

第十七周：制造商送来 60 卡车的情人啤酒，但零售商仍然没再下订单。上周的 55 卡车量，加上这周的 60 卡车量，真糟糕！堆积如山了！"可恶！那首情人啤酒歌不是还流行着吗？怎么这些零售店都不再进货了？再不过来订货，我要把那些该死的零售商打入第十八层地狱！"可之后，零售商还是没再下订单，而制造商却仍然一直送来 60 卡车的情人啤酒。"可恶的制造商！干吗还一直送货进来？"

三、制造商（6 周后）

你刚被这家啤酒制造商雇来做销售主管。情人啤酒是其中一项产品，从制造到出货，约要花上 2 周的时间。它的品质不错，但销量一般，公司希望你能提高它的销售业绩。

第六周：订单大增。不知怎么，就任才 6 个礼拜，情人啤酒的订单突然大增。运气真好！怎料到一首带有"情人啤酒"字眼的流行歌曲，刚好在你上任时就冒了出来，更想不到的是，它还会让订单猛增那么多！真是"无心插柳柳成荫"呀！呵呵。因为从制造到完成共需约 2 周的时间，所以你赶快增加生产线。

第七至十六周：成为“英雄”。订单持续增加，但生产线才刚扩大一点，库存量又有限，很快就耗光了。于是，你又继续扩大生产线，希望能赶快消化订单。此时，你已成为公司里的“英雄”。厂长也开始给员工奖励，以鼓励他们加班，并考虑招募新的帮手。订单不断增加，你已开始盘算自己的年终奖金会增加多少。不过，产量仍然赶不上订购量。直到第十六周，才真正赶上未交的积欠数量。

第十七周：生产量赶上了，但批发商送来的订单怎么变少了？

第十八周：奇怪，他们怎么都不订了？

第十九周：订单还是零，可是，生产量好像开始过剩了……你战战兢兢地向主管做出解释：“也许是‘断续（discontinuity）’现象吧”，“可能是消费者需求暴起暴落……”。但几个礼拜过去了，情况依旧，面对堆积如山的过剩货物，你叹了口气，准备递上辞呈……

8.1.3 对模拟过程的反思

真的是“客户需求暴起暴落”吗？如果仔细看看客户的购买行为，可发现：只有在第二周购买量实增为 8 箱，之后就一直维持着 8 箱的购买量。并没有所谓的“客户需求暴起暴落”现象。那么，问题出在哪里呢？该怪罪谁？零售商起初怪罪批发商不快点增加进货，到了后来，却抱怨批发商进了过多的货，让他们的库存自第 16 周起开始暴增，所以不再订货。

批发商一方面怪罪下游零售商在一开始时拼命增加订单，到第 16 周却又突然不再下单；另一方面也怪罪上游制造商在一开始时一直未能如数供货，第 17 周起却一直供过多的货。制造商也怪批发商一会儿要太多货、一会儿又不再要任何货。只好推测是“客户需求暴起暴落”导致的。

从这三个产、配、销角色里我们看到，每个人都在自己的岗位上，以自己的判断，尽力做好行动与决策。那么，到底问题出在哪里？

从这个啤酒馆游戏的教训可知：组织结构会影响系统的总体行为。不同的人，置身于相似的结构当中，倾向于产生类似的结果。但是，参与系统的各个分子，常常只见树木而不见森林，只能针对眼中所见的本地信息，做本地的最佳决策。不幸的是，每个人的本地最佳决策，不见得会最终促成整个系统的全局最佳决策。

信息不对称，各自的理性判断没有相互协调。经济学里，有一个“存货加速器理论”（Inventory accelerator theory），正是用来解释这种“需求小幅上扬，却导致库存过度增加，进而引起滞销和不景气现象”的商业景气循环理论。

8.1.4　啤酒馆模拟的启示

在同一组织结构中，不同的人可能会做出类似的表现：当问题出现时，或绩效不如人意时，喜欢找出某人或某事加以责备。但是，系统的危机往往是由于其自身引起的，而不是由于外力或者某个人的错误。组织结构对处于其中的人的行为的影响比我们想象的要更普遍和深远。

结构不仅只是外在的环境及条件；有时候，参与者自身的倾向也是系统结构的一部分。像啤酒馆游戏里，各方角色的理性，都是“尽可能做好自己分内的事”。

在具有动态复杂性的系统中，只注意细节、不概览全局的话，可能会导致意想不到的后果。前面举的许多例子，都是缺乏这种全面概览能力的后果。哪怕小小的扰动，都可能会导致“蝴蝶效应”。

回过头来，看看我们惯常面对的生命系统实验、传统自动机、细胞自动机等模拟模型，看到其中的各种变化、演化、相变，看到模型的“完美”

模拟运行，不要沾沾自喜地以为：这就是大自然的真实、生命的真实、物理的真实、人类社会的真实。我们还得综观全局，看看是不是这些人造的系统结构，影响了它所能呈现出来的行为？改变一下这些系统结构，是不是就有全新的行为产生？多做这些反思，才能让计算机模拟出来的演化世界，更趋近真实，也更反映真实。

第 2 节　应对重大突发事件的系统模拟研究方法

啤酒馆游戏仅仅是模拟运营管理中的一个简单问题。下面我们来看应对重大突发事件的社会管理系统模拟问题。

8.2.1　研究背景

一、研究的重大意义

重大突发事件是在社会生产、生活中突然发生的严重威胁人民生命财产安全、影响社会秩序和社会稳定的重大事故、事件，是事物内在矛盾由量变到质变的飞跃。突发事件具有突发性、复杂性和巨大的破坏性。突发性是指对于事件是否会发生，在什么时间、什么地点、以什么样的形式发生等，都难以准确地预测。复杂性是重大突发事件中最核心、最关键的属性。复杂性的根源之一是突发事件及其应对中的不确定性。重大突发事件以及处置突发事件的方法中，都存在许多不确定因素。重大突发事件大致表现为潜伏期、爆发期、消退期三个阶段。在爆发期后，事件的巨大破坏力还表现在其蔓延性上，即一个突发事件经常会导致另一突发事件的发生。它就像一粒石子投进水中引起阵阵涟漪那样，对外部会产生一系列的影响。

各国针对重大突发事件应急决策往往都有指定的应对机构，但由于重大突发事件难以预测、复杂性高、存在潜在次生衍生危害，加上预案的结构化编制、对历史数据的依赖和决策主体的认知能力有限等因素，使得传统的应急决策方法及应急预案在实施中效果较差。

为此，将重大突发事件分解为单个情景，以情景层次推理支持应急决策，已逐渐代替应急预案研究。研究重大突发事件的情景推演机理和建模方法与技术便具有重大现实意义。

情景是决策主体面对的重大突发事件发生或发展态势的描述或假设。“态”是指重大突发事件当前所处的状态，是事件在过去时段里发展到现在的结果。“势”是重大突发事件未来的发展趋势，是基于当前状态的未来可能的发展状态。针对复杂问题的不确定性，要在充分认识当前“态”的基础上准确定位问题本质，实现对海量信息的去粗取精，对未来的“势”进行分析和评估，以最快的速度响应，把事件危害降低到最小。

二、国内外研究现状

在国际学术界，斯托林斯（Stallings）等以灾害推演的时间序列为基础，研究了灾害发生的前、中、后期影响。在突发事件的应急决策支持研究方面，约翰·科斯格雷夫（John Cosgrave）在描述了突发事件决策和决策问题特性的基础上，运用弗鲁姆和耶顿的领导规范模型构建了突发事件中决策的理论模型。克里安（Kelian）将军事上的经验决策模型引入突发事件决策之中，允许下属在充分理解任务目标的情况下，根据先前经验对当前环境进行评估，对决策行动过程进行修订。詹金斯（L. Jenkins）针对有毒物质泄漏处置方案的制定，建立了关于如何选取特定场景使方案最具代表性的整数规划模型。在应急处置中的动态博弈网络技术研究方面，巴巴罗索格鲁（G. Barbarosoglu）讨论了救灾物资运输计划制订中的两阶段随机规划框架。皮德（M. Pidd）等学者建立了一个应急疏散的仿真模型。克莱茵（U. Klein）则建立了基于高层体系结构的应急管理分布式仿真系统。在应急辅助决策的定量研究方面，诺埃尔·保韦尔斯（Noel Pauwels）等人运用效用分析和敏感性分析方法对核泄漏事件发生后的撤退决策进行了研究。田村博之（Hiroyuki Tamura）等人运用决策树方法对灾害风险进行了分析。上述分析方法主要基于经典决策理论，借用应用数学或风险管理理论的方法，从成本和风险的角度对已有的决策进行定性分析，解决某一具体突发事件爆发后的应急决策问题。

我国学者相关研究成果有：张成从人、列车、轨道及行车环境之间的耦合效应上分析了轨道列车事故发生机制。蒋勇对火灾中的耦合燃料反应机理给出了研究计算模型。余廉对公路、铁路、水运、民航交通灾害的成因进行了研究，提出了建立交通灾害预警系统的思路和方法。李明等人对地震灾害的发生机理和扩散影响、洪灾发生后的疾病等次生灾害，以及气象灾害的形成机理进行了研究。范维澄针对国家突发事件应急管理与应急平台建设框架的相关问题，从火灾突发事件场景构建、事件推演仿真分析等方面进行了研究。陈安综合分析了突发事件风险源与灾害承载体之间的相互作用关系，从区域脆弱性角度研究了突发事件应急能力的问题。余廉通过对城市重大事故应急能力评估指标及评估方法的研究，初步提出了我国城市突发公共事件应急能力评估体系构想。薛澜等人对中国社会经济转型期危机管理体系及研究框架进行了讨论。马立德与李占一研究了重大突发事件中谣言传播的特点及影响，并提出了相应的对策建议。任中杰等提出基于情感分析的突发事件微博舆情演变分析模型，研究了突发事件情感态势演化。唐明伟结合突发事件应急响应情报体系的功能，对突发事件案例进行了假设性应用分析研究。王治莹与李勇建通过借鉴 SEIR 传染病模型的构造思路，建立了政府干预下的舆情传播控制系统。王艳东基于社交媒体建立了实时应急主题分类模型，为应急响应提供决策支持。马国普基于非战争军事行动应对重大突发事件的方法，应用智能系统辅助专家研讨，模拟了在重大突发事件情景中进行应急决策等。

综上所述，重大突发事件应急决策研究虽然已取得了一些成果，但还处于探索阶段，以针对某种具体突发事件的应急方法为主。对于一般重大突发事件各因素的复杂关系及突发事件与社会影响关联互动的系统联系等问题，缺乏相应的理论研究。因此，研究情景推演应急决策支撑理论与方法，对提高重大突发事件应对能力的迫切需求具有现实意义。

8.2.2　研究内容与目标

一、研究内容

1. 重大突发事件情景对抗推演机制

针对重大突发事件复杂巨系统特点，应用从定性到定量、定性与定量相结合的方法研究重大突发事件的形成、演化与蔓延机理，对事件诱发因素之间及其与外界环境之间的影响关系进行分析，研究情景对抗推演过程的时间序列关系，并对重大突发事件影响的蔓延效应的产生机理和条件等进行分析。

（1）面向重大突发事件的定性与定量相结合的研究方法

重大突发事件是复杂巨系统问题，采用一般的研究方法难以应对其高度复杂性本质。本研究以钱学森提出的从定性到定量、定性与定量相结合的研究方法指导重大突发事件推演研究。

（2）重大突发事件情景体系框架

在充分分析重大突发事件本质特点的基础上，系统阐释了基于情景推演应对方法的理念。采用层次分析法与系统动力学相结合的方法，对各类事件相关因素之间及其与外界环境之间的影响关系进行分析。在此基础上，提出构建重大突发事件情景体系框架的方法。

（3）重大突发事件情景对抗推演机制

在重大突发事件中，应对方与事件之间存在明显的对抗关系。应用对抗情景分析和贝叶斯推理方法，研究重大突发事件情景推演路径，给出重大突发事件情景对抗推演的一般模型。通过分析重大突发事件情景对抗推演和应急决策过程，研究在应急决策干预下的情景演化规律及其对应急决策的影响机制，在此基础上以异质专家讨论式模拟来推演事件的应对过程。

2. 重大突发事件情景对抗推演建模

针对重大突发事件情景发生、发展、持续和消亡的动态过程，研究情景对抗推演建模方法，描述事件情景推演的系统动力学机制。进一步研究相关的数学模型的构建。

（1）基于对抗决策网络的情景对抗推演建模

研究基于对抗决策网络的重大突发事件情景对抗动态推演建模方法。基于对重大突发事件情景对抗推演时序关系的分析，从系统动力学角度，研究情景演变的时空变化过程，探究隐藏于重大突发事件情景演变随机性背后的可推测概率性因素，揭示其内在的客观发展规律。

（2）面向定量实验的建模机制

针对重大突发事件情景演变的动态性与复杂性特点，研究虚拟计算分析环境下的相关数学建模和计算方法。建立事件情景演变的计算实验模型，实现对事件情景对抗推演系统进行定性与定量相结合的研究。

3. 基于情景对抗推演分析的应急决策支撑方法

基于情景对抗推演的重大突发事件应急决策，其关键是根据情景对抗推演分析，在关键决策点实现主动应急决策。通过研究事件推演与应急决策的相互作用关系，采用计算实验分析方法，建立虚拟计算实验分析环境，实现计算仿真。

（1）面向重大突发事件中应急疏散关键问题研究决策支撑方法

重大突发事件发生后，需要将人员和物资紧急转移至安全地域，针对地点选址规划，拟建立整数规划数学模型，采用分支定界算法进行应急选址规划问题求解。重大突发事件应急避难地点选址完成后，在受灾区到避难地之间会有多条运送路径，针对如何选择最优路径，拟建立数学模型，采用情景对抗讨论模拟的方法解决最优路径选择问题。

（2）事件情景推演动态仿真方法

针对重大突发事件的复杂性、突发性和迫切性等特点，对其情景推演进行动态仿真，研究应对重大突发事件，争取最大收益、最小损失的决策方法。研究基于计算实验的快速仿真算法，进行不同情景、不同应急决策下的多次计算实验分析，综合分析情景推演过程。建立相应的影响评价函数进行仿真评估与计算分析，研究事件推演对社会各方面的综合影响。

4. 实例验证

通过建立计算机仿真分析环境，设计实验和检验方法。以准确的数值分析与经典案例相结合，对基于情景对抗推演分析应急决策的适应性进行实验分析，并对前述的理论与方法进行反馈和改进。

（1）情景对抗推演应急决策实验方法

通过对重大突发事件情景对抗推演中的情景、目标、事件三要素进行分析，设计相关的检验与实验方法，进而提出有效性检验的实验手段与方法。

（2）典型实例检验与分析

重庆地处长江与嘉陵江交汇处，地理水文环境复杂，常因重大突发事件造成巨大损失。所以，可以以重庆地区两江流域重大水患灾害及其诱发的事故为例，应用本文提出的理念与方法，对事件相关情景进行模拟推演。从重大突发事件应急决策角度，检验本文提出的理论、方法与关键技术的有效性，并进行评估、反馈与改进。

二、实验研究的科学目标

1. 确认重大突发事件情景对抗推演机制

构建较为完备的重大突发事件情景对抗推演理论体系，包括重大突发事件相关要素的情景描述，根据事件各要素间的内在关系推导情景要素的逻辑关系，并以此为依据建立情景体系框架。用讨论式模拟的方法基于情景体系框架推演重大突发事件的发展过程。

2. 研究重大突发事件情景对抗推演建模方法

针对重大突发事件复杂巨系统问题突发性、复杂性和持续破坏性等特点，使用从定性到定量、定性与定量结合的分析方法构建情景推演模型。按照情景对抗推演机理的指导，充分利用复杂系统科学、动态贝叶斯网络方法和智能决策支持系统技术，形成适应重大突发事件情景对抗推演应急决策的建模支撑方法和关键技术。

3. 通过试验系统检验方法

依托相关领域积累，构建面向情景对抗推演的重大突发事件应急决策方法的检验性实例，检验前述机理、方法和技术。通过分析实例，结合重庆市在重大突发事件应急决策中的实际需求，奠定建设重大突发事件应急平台的理论基础。

8.2.3 实验设计方案

一、总体设计思路、技术路线与实验技术方案

采用定性与定量相结合的研究方式，按照对抗推演机制分析、复杂系

统建模分析、关键支撑方法研究、实例验证与分析的研究步骤，系统研究基于情景对抗推演的重大突发事件应急决策问题，总体设计思路与技术路线如图 8.1 所示。

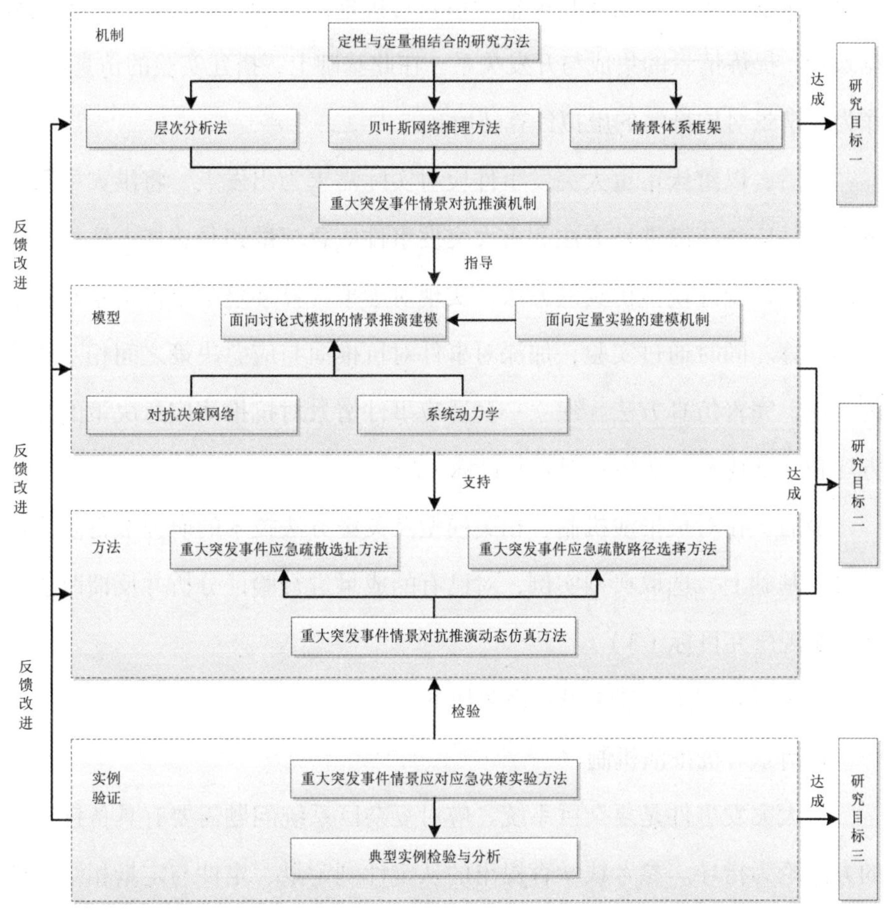

图 8.1　设计思路与技术路线

首先，以定性与定量相结合的方法论指导重大突发事件情景对抗推演研究，使用层次分析法、贝叶斯概率推理和情景体系框架等方法，从机制上分析重大突发事件情景对抗推演过程。理清情景对抗推演的基本内涵和概念实质，并通过描述情景的相互关系，形成较为完备的情景对抗推演体系，从而实现研究目标（1）。

然后，以研究目标（1）中建立的情景对抗推演机制为指导，进行情景对抗推演建模，从模型角度描述情景对抗推演过程；将情景元向模拟数据映射，提炼情景的集成与开发关系。在此基础上，搭建实验的仿真模型，作为对情景对抗推演的虚拟计算环境。

再后，以重庆市重大突发事件应对实际需求为出发点，将洪灾中重大突发事件应急疏散选址方法和重大突发事件应急疏散路径选择方法作为研究落脚点，设计模拟仿真的方法，实现对虚拟计算环境中事件情景对抗推演的计算。同时通过实验，加深对事件对抗推演与应急决策之间相互作用的认识，完善仿真方法。建立一套适应事件情景对抗推演应急决策的支撑方法和关键技术，从而实现研究目标（2）。

最后，在对抗推演机制、相关模型及关键方法技术的研究取得阶段性成果的基础上，选取典型实例，对已有的成果进行验证分析并反馈改进，从而实现研究目标（3）。

具体研究方案与技术思路说明如下：

1. 情景对抗推演机制

重大突发事件是复杂巨系统。应对复杂巨系统问题需要有具备针对性的方法论为指导。参考钱学森提出的从定性到定量、定性与定量相结合的综合集成研讨厅思想，研究应对重大突发事件复杂巨系统问题的方法。由于事件情景随时间进程不断演变，决策者必须依据事件演变“态势”来调整应急对策，以实现定性与定量相结合的事件情景推演。在充分分析重大突发事件复杂性特点的基础上，系统阐释情景对抗推演的相关概念。基于层次分析法、贝叶斯概率推理和情景体系框架等方法，从机制上分析重大突发事件情景对抗推演过程。

研究思路：

情景演变机制分析的基础是对情景对抗推演过程实现形式化数学描述。因此，首先是对重大突发事件情景与演变过程进行形式化描述。使用情景分析法，对事件的各个组成要素或事件发展的不同阶段进行形式化描述。通过有向边连接表示要素间的因果联系，因果联系的强度表述为事件发生的条件概率，用贝叶斯网络模型描述重大突发事件。考虑情景演变的时间因素，进一步构建动态贝叶斯网络描述事件情景演变机制。

动态贝叶斯网络模型的构建需要网络结构和节点概率参数两方面知识。在重大突发事件中，这两方面知识的获取十分困难。这里就需要定性与定量相结合的方法论指导。一方面组织异质专家进行研讨，以专家的经验知识作为定性依据。一方面参考人工智能领域最新的机器学习方法，在历史和现实大数据中获取定量的知识。两方面知识相互辅助，共同完成动态贝叶斯网络的构建。

2. 面向讨论式模拟的情景对抗推演建模

在重大突发事件情景对抗推演机理研究的基础上，基于对抗决策网络、系统动力学分析理论，对事件情景推演过程进行建模分析。应用对抗决策网络方法对情景推演复杂过程进行建模分析，基于面向对象的软件设计思路，构建情景推演的虚拟计算实验环境；分析情景要素之间的因果逻辑关系，依据复杂性分析理论对情景对抗推演过程进行定性与定量相结合的建模分析。

研究思路：

情景对抗推演的建模是基于情景应急决策的关键环节。通过对事件情景要素因果关系建模、情景对抗推演复杂性建模和虚拟计算实验环境构建，实现情景对抗推演定性与定量相结合的分析。

首先，进行情景要素因果关系建模。通过系统动力学理论从不同层次探究重大突发事件，分析事件要素的相互关系。对情景要素之间随时间变化的关系进行定量建模，模拟情景随时间持续变化的情况，获得对事件整体的全面认识。在整体把握事件中各种不确定性要素及其关系的基础上，提炼形成事件状态的关键因素，在巨量大数据信息中准确捕捉问题本质。针对重大突发事件，探究如何运用系统动力学原则快速辨识和理解影响系统组织的行为结构。对情景动态模式的数据挖掘研究，可以采用数据挖掘或机器学习方式发现系统的运行模式，分析特定数据的关联规则和序列模式，作为分析复杂系统的参考依据。

然后，在事件情景推演机理研究的基础上，利用系统动力学原理分析事件情景演变的内在规律。参照对抗竞争的思想，抓住应对重大突发事件中的对抗因素，将其引入动态贝叶斯网络，构建对抗决策网络。对情景推演的对抗决策网络模型，通过讨论式模拟与机器学习相结合的方法调整其网络结构与学习网络参数，实现模型的构建与推理。

最后，借助基于智能 agent 的方法以及面向对象的设计思路，使用虚拟 agent 模型、虚拟情景模型和异质专家讨论式模拟机制，构建面向事件的情景对抗推演计算仿真实验环境，为下一步研究打下基础。

3. 情景对抗推演的应急决策方法

借鉴国内外最新研究成果，以重大突发事件人员物资应急疏散为假定情景，研究事件对抗推演与应急决策的相互作用关系。在情景对抗推演机理和复杂性建模分析的基础上，采用计算实验分析方法，对事件情景对抗推演进行仿真研究。

研究思路：

首先，研究事件对抗推演与应急决策的相互作用关系。基于前述的对抗决策网络，以应急决策作为数据来源，来模拟和实现事件情景对抗推演过程，得到相应的推演结果。接着，研究推演结果的选择性反馈机制。应急决策的效果是通过推演结果来体现的。建立以事件的响应时间、社会影响、社会经济损失、生态环境等因素为指标的综合评估函数。由此对应急决策进行综合分析。

之后，将重大突发事件发生后，人员、物资的应急疏散为研究落脚点。依据重大突发事件受灾人员转移过程中的实际情况，从“受灾点—救援点—安置点”三点一体的模式分析人员转移方式，建立受灾人员转移的多目标整数规划数学模型。在模型的运算上，研究了基于多种情景下的拉格朗日对偶问题分支定界算法。

最后，根据重大突发事件应对的自然逻辑顺序，在应急避难地点选址完成后，受灾区到避难地之间会有多条运送路径。以疏散时间作为应急决策收益的判断标准，引入交通流量算法并考虑安全距离，建立数学模型，解决路径最优化问题。

4. 实例方案

重大突发事件是复杂巨系统问题，其复杂性本质决定了难以对其进行还原性分析。通过建立计算机仿真实验环境，以重庆地区洪涝灾害为典型实例，验证上文的基于情景应急决策的理论与方法，并进行反馈，促进其优化。

研究思路：

选择合理的假定事件作为研究情景。考虑到重庆地区两江流域水文条件和地理环境非常复杂，具备诱发各类突发事件的隐患。因此，选择重庆地区两江流域洪涝灾害作为重大突发事件研究对象。

研究中，基于计算机仿真实验环境，以分析重庆地区两江流域水文地理系统复杂特性为出发点，以两江流域发生重大洪涝灾害，进而引发重庆地区重大社会性突发事件为假定场景，以基于情景的重大突发事件应对方法，进行事件情景对抗推演分析，对上文的研究理论与方法进行检验，并进行反馈，促进其优化。

二、实验方案的可行性分析

（1）研究需求迫切：传统的预案型应急管理模式，主要是建立在历史数据和经验案例分析的基础上，难以满足重大突发事件应对的需要。目前，我国对基于情景重大突发事件应急决策问题的研究还处于探索阶段，迫切需要突破传统预案型应急决策模式的制约，从国家重大战略需求出发，建立基于情景的应急决策方法，为重大突发事件应对提供新的理论与方法。

（2）研究目标明确：本研究内容直接来源于我国重大突发事件应急决策的实际迫切需求。设定的研究内容源于对基于情景的应急决策理论与方法问题的科学认识。通过研究重大突发事件情景对抗推演机制、定性与定量相结合建模，提出基于情景对抗推演的应急决策支撑方法，并以实例进行验证分析，研究目标明确。

（3）研究思路可行：针对基于情景应急决策的关键科学问题，从重大突发事件情景对抗推演的机制、定性与定量相结合建模、应急决策支撑方法等三个方面进行研究，并辅以重庆市两江流域洪涝灾害重大突发事件为情景实例进行理论与方法的验证。研究中，以定性与定量相结合的方法论为指导，以情景分析、层次分析方法为基础，以情景对抗推演分析的应急决策支撑为核心，基于动态贝叶斯方法，研究重大突发事件情景对抗推演机制；以计算机仿真实验分析，研究基于情景对抗推演的应急决策关键支撑方法，并通过建立虚拟计算实验分析环境，结合重大突发事件典型案例来验证基于情景的应急决策模式，并对其有效性和适应性进行分析评估。

第 3 节　对抗环境中运输系统的模拟实验

以上实验假设的对抗环境仅仅是小范围内的低等级对抗，下面我们加大对抗范围，提高对抗等级，直接选择大型重大突发事件——洪灾为例。

目前国内学者对洪涝灾害复杂环境中人员、物资的运输方案与应急选址进行了相关研究，但是较少把任务目标点、中转点和出发点联系起来，协同考虑人员转移和物资运输。例如，受灾人员转移一般是先从出发点转移到中转点再转到后方目标点，而相对的救灾物资运输一般是从后方目标点运输到中转点，再从中转点运输到出发点。受灾人员不能及时送回会造成人员生命安全的重大损失。同时，物资运输需求没有得到满足，也可能会贻误救灾时机，造成重大损失。但如果物资供应远远大于需求，同样也是一种经济损失，并可能因为浪费救灾有限运力及资源而对救灾进程造成重大负面影响。救灾初期并不能完全把握住需求，只能通过洪涝场景加概率大致推算出预期需求。本文将受灾人员运送和救灾物资运输需求协同考虑，目标是在预算范围之内最小化未被转移的人数同时尽可能满足救灾物资需求。

综观人类发展史，经济永远是各种重大社会活动中不得不考虑的关键因素之一。正因为洪涝灾害环境极度复杂危急，支持救灾行动的资源才十分可贵和有限。如何在资源限制下，优化对已有保障力量的运用，提升行动的效率和价值，取得更好的行动效果，是决策者需要考虑的重要问题之一。

在以下模型中，将从目标点预置成本、人员物资运输成本等因素出发，以成本约束来考虑灾区运力资源有限性，进行有限保障力量的优化使用分析。

8.3.1 人员 – 物资运输模型

一、受灾人员转移分析

灾区复杂环境中出发点区域的大多道路损毁或危险等级较高，不能直接由出发点行进至任务目标点，可以在出发点与目标点之间设置中转点，在这里根据灾区实时态势转换交通工具或路径进行物资和人员的输送，由此提出“出发点—中转点—目标点”概念模型。在确定灾害场景的情况下，每个任务出发点的物资运输量、运输人数和受灾人员数量可以估算，并且目标点的人员物资容量也是确定的，预置目标点的预置成本也可以估算。在转移过程中不仅要考虑这些，还要考虑在目标点与中转点之间往返运输过程中，运输工具的容量及成本等。在实际情况中，由于很多未知条件的限制，对物资需求和运输人员数量的评估有一定的误差，在此就需要使用情景与概率相结合的分析方式，以减小误差，得出不确定需求情况下的分析方案。

二、最佳目标点的确定

临时目标点的选择需要在满足任务要求的前提下，考虑目标点容量，转移到目标点的距离，目标点的成本等影响因素。

（1）影响因子

影响人员转移过程中临时目标点确定的因素很多，主要有：总预算，运输工具的有效运量，运输工具单位时间成本，物资成本，目标点选址成本，运输工具总量，运输工具有效工作时长，目标点到中转点的距离，中转点到出发点的距离，安置区的容量等。

（2）场景的设置

可以根据以往洪灾统计数据，先综合各个出发点的灾情态势、道路环境、地理位置等因素生成一种需求场景。让每个出发点的需求与位于 [1.0，1.5] 区间内的一个随机数相乘，这样可以得到一种态势偏危机严重的场景。再将随机数的生成区间改成 [0.5，1.0]，用场景的需求乘以随机数，得到一种态势偏缓和的场景。将各场景概率依次设置为 0.4，0.3，0.3。这一概率可以根据灾情的实际发展情况进行调整。

三、人员 – 物资运输优化模型

1. 模型相关假设

抗洪救灾系统是复杂巨系统，灾区环境极其复杂，对救灾任务的定量研究如果要同时考虑所有相关因素将会十分复杂，难以在有限的时间、资源下获得满意解。为了定量理论研究需要，现对灾区突发情况下人员、物资运输做如下假设：

（1）假设运输工具为匀速。

（2）不考虑人员在运输中的伤亡。

（3）运输工具为预先配置，不计入救灾预算。

（4）在人员运输方面仅考虑数量因素。

（5）选定路径后，运输过程中的道路看成通畅状态。

（6）设定人员在两段路程的运输中是相等的，即没有在中转点不转移的人。物资运输也采用同样假设。

2. 模型参数说明

模型构建所使用的参数较多，这里统一进行参数符号说明。

（1）基本参数

I：任务目标点集合，$i \in I$

J：出发点集合，$j \in J$

K：所需物资集合，$k \in K$

F：中转点集合，$f \in F$

M_i：目标点运输工具类型集合，$m \in M_i$

M_f：中转点运输工具类型集合，$m \in M_f$

ζ：灾区情景集合，$\delta \in \zeta$

（2）与情景不直接相关的参数

B：总预算成本（元）

W_i：目标点 i 的容量（人）

Q_m：单台 m 型运输工具的有效运量（kg 或人）

C_m：单台 m 型运输工具运行单位时间所需成本（元）

C_i：目标点 i 选址成本（元）

S_{ik}：物资 k 在目标点 i 的总量（kg）

C_{ik}：目标点 i 物资 k 的单位成本（元）

T_m：m 型运输工具有效时长（h）

V_{im}：i 点 m 型运输工具总量（台）

V_{fm}：f 点 m 型运输工具总量（台）

V_m：m 型运输工具的速度（km/h）

L_{if}：目标点 i 到中转点 f 的距离（km）

L_{fj}：中转点 f 到出发点 j 的距离（km）

x_i：1 表示选定目标点 i，0 表示不选

（3）与情景直接相关的参数

$k_j^{(\delta)}$：出发点 j 的物资需求量（kg）

$K_{mj}^{(\delta)}$：用 m 型运输工具运输到出发点 j 的物资量（kg）

$d_j^{(\delta)}$：出发点 j 需运输的人员数量（人）

$D_{mj}^{(\delta)}$：用 m 型运输工具转移到出发点 j 的人员数量（人）

$t_{fjm}^{(\delta)}$：m 型运输工具从中转点 f 到出发点 j 的时间（h）

$t_{ifm}^{(\delta)}$：m 型运输工具从目标点 i 到中转点 f 的时间（h）

$V_{fjm}^{(\delta)}$：m 型运输工具从中转点 f 到出发点 j 的运输次数（次）

$V_{ifm}^{(\delta)}$：m 型运输工具从目标点 i 到中转点 f 的运输次数（次）

$U_{jfm}^{(\delta)}$：m 型运输工具从出发点 j 到中转点 f 的运输次数（次）

$U_{fim}^{(\delta)}$：m 型运输工具从中转点 f 到目标点 i 的运输次数（次）

q：未满足物资需求的惩罚因子（人 /kg）

$A_j^{(\delta)}$：在出发点 j 未能转移的人员数量（人）

$G_j^{(\delta)}$：出发点 j 未能满足的物资需求量（kg）

P：情景概率，$P^{(\delta)} \in P$

3. 优化模型构建

阿鲁娜·阿普特（Aruna Apte）的数学模型在各种应急决策运输建模中被广泛应用。但是，经典模型中没有考虑“出发点—中转点—目标点”三点协同运输方式，并且也没有将受灾人员和救灾物资的运输情况协同考虑。对此，本文做了如下改进。

本文模型是在研究受灾群众运输方式的基础上得出最佳目标点的选址，即从预定临时目标点方案中选出最佳目标点。所以模型自变量为取值 0–1 的变量 x_i。运输工具的运输次数、运输距离、运输时间、运输的人员和物资为因变量。

基于上述问题描述，本文所建立的模型如下：

$$P1 \ : \ z=\min \sum_{\delta} P^{(\delta)} \sum_{j} (A_j^{(\delta)} + qG_j^{(\delta)}) \tag{1}$$

式（1）为系统目标，即最小化的未转移受灾人员和未满足救灾物资需求。可以看出式（1）是一个双目标问题。因为救灾物资不充足会导致供给不力，贻误时机，进而可能导致救灾任务失败，使人民生命安全遭受重大损失。所以假设在紧急情况下，救灾物资运输和受灾人员转移同样具有重要的意义。这里引入惩罚因子 q（人 /kg），将救灾物资与受灾人员转化为同一目标类型。

$$\text{S.t.} \sum_{m_f}\sum_{f}\sum_{j}2C_m t_{fjm}^{(\delta)}U_{jfm}^{(\delta)}+\sum_{i}\Big(\sum_{m_i}\sum_{f}2C_m t_{ifm}^{(\delta)}U_{fim}^{(\delta)}+\sum_{k}S_{ik}\cdot C_{ik}+C_i\Big)\cdot x_i \leqslant B \quad (2)$$

式（2）表示总成本要约束在预算之内，总成本包括运输人员与物资的运输成本，救灾物资的采购成本，目标点的建设成本等。

$$\sum_{m_f}K_{mj}^{(\delta)}+G_j^{(\delta)}=k_j^{(\delta)},\forall j,\zeta \quad (3)$$

$$\sum_{m_f}D_{mj}^{(\delta)}+A_j^{(\delta)}=d_j^{(\delta)},\forall j,\zeta \quad (4)$$

式（3）和（4）分别表示已满足的物资需求加上未满足的物资需求等于出发点总需求，已转移的人数加上未转移的人数等于出发点总人数。

$$Q_m\cdot\sum_{f}U_{jfm}^{(\delta)}=K_{mj}^{(\delta)},\forall j,m\in M_f,\zeta \quad (5)$$

式（5）表示运输工具单次物资容量乘上运输次数等于已满足的物资需求量。

$$Q_m\cdot\sum_{f}U_{jfm}^{(\delta)}=D_{mj}^{(\delta)},\forall j,m\in M_f,\zeta \quad (6)$$

式(6)表示运输工具单次人员容量乘上运输次数等于已转移的人员数。

$$\sum_{j}\sum_{f}\sum_{m_f}Q_{m_f}\cdot U_{jfm}^{(\delta)}=\sum_{i}\sum_{f}\sum_{m_i}Q_{m_i}\cdot U_{fim}^{(\delta)}\cdot x_i \quad (7)$$

式（7）表示从出发点转移到中转点的人员等于从中转点运输到目标

点的人员。

$$\sum_{f}\sum_{m_i}Q_{m_i}\cdot U_{fim}^{(\delta)}\leqslant W_i,\forall i \tag{8}$$

$$\sum_{f}\sum_{m_i}Q_{m_i}\cdot U_{fim}^{(\delta)}\leqslant S_{ik},\forall i \tag{9}$$

式（8）表示转移到目标点 i 的人员数不能超过目标点 i 的人员容量。式（9）表示从目标点 i 运输出去的救灾物资不能大于目标点 i 的救灾物资的总量。

$$t_{ifm}=l_{if}/v_m\ ,\ t_{fjm}=l_{fj}/v_m\ ,\ \forall f\ ,\ j \tag{10}$$

式（10）表示通过目标点、中转点、出发点间的距离和运输工具行驶速度得出的单次运输时间。

$$\sum_{f}\sum_{j}2t_{fjm}^{(\delta)}U_{jfm}^{(\delta)}+\sum_{i}\sum_{f}2t_{ifm}^{(\delta)}U_{fim}^{(\delta)}\cdot x_i\leqslant\sum_{i}\sum_{m_i}V_{im}T_{m_i}\cdot x_i+\sum_{f}\sum_{m_f}V_{fm}T_{m_f} \tag{11}$$

式（11）表示承担运输任务的运输工具的工作时长不能超过运输工具的有效工作时长。

$$x_i\in\{0,\ 1\} \tag{12}$$

$$D_{mj}^{(\delta)}\leqslant d_j^{(\delta)},K_{mj}^{(\delta)}\leqslant k_j^{(\delta)},\forall i\ ,\ j \tag{13}$$

W_i，Q_m，S_{ik}，V_{im}，V_{fm}，$k_j^{(\delta)}$，$K_{mj}^{(\delta)}$，$d_j^{(\delta)}$，$D_{mj}^{(\delta)}$，$U_{jfm}^{(\delta)}$，$U_{fim}^{(\delta)}$，$A_j^{(\delta)}$，$G_j^{(\delta)}\geqslant 0$ 且为整数　（14）

$$B,\ C_m,\ C_i,\ C_{fk},\ T_m,\ V_m,\ L_{if},\ L_{fj},\ t_{fjm},\ t_{ifm},\ q,\ p\geqslant 0 \tag{15}$$

式（12）、（13）、（14）和（15）是变量约束。

8.3.2　人员 – 物资运送模型算法设计

上述优化模型是一个随机混合型整数规划模型，共包含 $|I|$ 个取值在 0–1 的变量和 $|I|*|\xi|*(|M_i|*|M_f|+|J|)*|F|$ 个整数变量，灾区又会面临多种复

杂情景，求解随机整数规划模型是 NP 难问题，对于救灾中的重大应急决策而言，求解速度难以满足应急决策的要求。对此，可以在松弛部分约束的前提下把原问题分解为多个子问题求解，然后基于迭代或其他方式逐渐得到原问题的解。

考虑到模型 P1 中决策变量 x_i 与情景无关，且 x_i 为取值 0–1 的变量，故将 x_i 分别转化为 $x_i^{(\delta)}$，并加上相关非期望约束。即用 $x_i^{(\delta)}$ 来替换 P1 中的 x_i，定义非期望约束如下：

$$(1-P^{(1)})x_i^{(1)}=P^{(2)}x_i^{(2)}+\cdots+P^{(\delta)}x_i^{(\delta)},\ \forall i\in I \tag{16}$$

将式（16）代入到模型 P1，获得模型 P2。

模型 P1 和模型 P2 等价。从模型的构造过程来看，P1 和 P2 等价的充要条件是 $x_i^{(1)}=x_i^{(2)}=\cdots=x_i^{(\delta)}$（$\forall i\in I$），从约束的定义来看，可满足这一条件。

从模型 P2 的结构来看，除非期望约束外，可以把其他的约束条件及目标函数按场景分解，因此考虑松弛约束（16），并基于拉格朗日松弛把它加入到目标函数中，从而得到模型 P3：

$$z^{\mathrm{LR}}(\lambda)=\min\sum_{\delta}\sum_{j}P^{(\delta)}(A_j^{(\delta)}+qG_j^{(\delta)})+\sum_{\delta\in\xi/\{1\}}\sum_{i}\lambda_i P^{(\delta)}(x_i^{(1)}+x_i^{(\delta)}) \tag{17}$$

除不包含非期望约束外，其余约束条件与模型 P2 的约束条件一致，P3 中的是 λ_i 为拉格朗日乘子，λ代表乘子向量。模型 P3 的拉格朗日对偶为：

$$z_{\mathrm{LD}}=\max_{\lambda} z^{\mathrm{LR}}(\lambda) \tag{18}$$

拉格朗日对偶式（18）的最优目标值是模型 P2 最优目标值的下界。根据弱对偶理论可得到这一结论，其证明过程可参见相关文献。

考虑到拉格朗日对偶式是非光滑凸函数，这里采用次梯度方法对其进行求解，其乘子 λ_i 为的迭代更新规则为：

$$\lambda_i^{t+1}=\lambda_i^t+\eta^t\sum_{\delta\in\xi/\{1\}}P^{(1)}\left(x_i^{(1)}-x_i^{(\delta)}\right)\frac{\left|UB-z^{LR}(\lambda^t)\right|}{\sum_i\sum_{\delta\in\xi/\{1\}}P^{(1)}\left(x_i^{(1)}-x_i^{(\delta)}\right)} \tag{19}$$

其中 t 表示第 t 次迭代，UB 表示模型 P1 目标值的上界，可以用当前获得的一个可行解目标值替代，η^t表示随迭代次数增加而递减的迭代系数。当（UB$-z^{LR}$（λ^t））/UB ≤ ε（ε 表示一个指定为正的小数）时停止迭代。

通过上面的迭代方式可以把拉格朗日对偶问题按情境分解为多个独立的子问题求解。

在通过拉格朗日对偶式（18）得到模型 P1 最优值下界的基础上，可先基于分支定界过程求变量 x_i，再在每种情景中对 P1 的情景变量进行求解。用集合 ϕ 存放初始模型 P1 及后续基于分支产生的子模型。

8.3.3　实例研究

一、方案设计

这里设计一个简单的模拟场景来验证本文所提出模型的有效性。为了研究方便，相对于实际场景，模拟场景各项数据设置明显偏小，但不影响对方法原理的验证。数值计算是基于计算机软件进行，并通过 C++ 来实现模型的分解和算法流程控制。

在模拟场景中，共有出发点 3 处，出发点被水域包围，在水域边缘设置中转点 2 个，中转点里的运输工具会前往出发点，将受灾人员通过水路运输到中转点，为使运输效率最大化，目标点的陆路运输工具会先将救灾物资运输到中转点，再将受灾人员转移回目标点。在任务区域设置目标点 3 个。在目标点准备救灾物资，采购物资的成本控制在预算范围之内。在一张区域地图基础上设计了简化的点位布局图，如图 8.2。

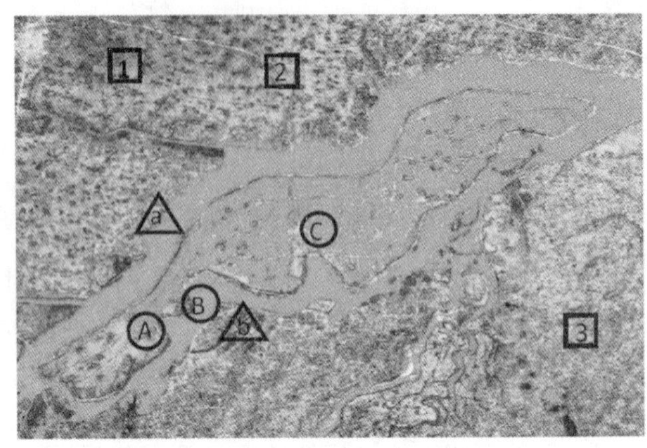

图 8.2　灾区点位布局示意图

其中出发点（圆圈标记）是根据灾区实时态势所确定，共计 3 个。中转点（三角形标记）是根据出发点的分布和交通运输条件等因素选取，共计 2 个。目标点（四边形标记）是根据人口容量、安全范围等条件进行选取，共计 3 个。

二、参数设置情况

出发点的情况，如表 8.1。

表 8.1　出发点情况

出发点	人数（人）	物资需求（kg）
A	1300	20000
B	1800	30000
C	2200	40000

目标点的情况，如表 8.2。

表 8.2　目标点基本情况

目标点	建设成本（元）	容量（人）	物资量（kg）	物资单位成本（元）
1	50000	800	19000	100
2	68000	1800	32000	
3	76000	2500	39000	

目标点运输工具情况，如表 8.3。

表 8.3　目标点运输工具基本情况

目标点运输工具类型	有效运量（人或 kg）	有效时长（h）	单次运输成本（元）	运输速度（km/h）	每个目标点运输工具（台）
载具 A	30 或 1000	130	200	50	30
载具 B	10 或 300	2800	100	70	20

中转点运输工具情况，如表 8.4。

表 8.4　中转点运输工具基本情况

目标点运输工具类型	有效运量（人或 kg）	有效时长（h）	单次运输成本（元）	运输速度（km/h）	每个目标点运输工具（台）
载具 C	8 或 200	180	100	40	30
载具 D	5 或 80	1800	70	25	15

表 8.5 和表 8.6 分别为出发点与中转点的距离和中转点与目标点的距离。

表 8.5　出发点与中转点的距离

距离（km）　出发点 中转点	A	B	C
A	5	3	10
B	5	2	7

表 8.6　中转点与目标点的距离

距离（km）　出发点 中转点	1	2	3
A	100	140	/
B	/	/	200

最后未满足物资需求的惩罚因子设定为0.3。将预算设置为10万、20万、30 万和 40 万元四种情况。

三、结果分析

如表 8.7 所示，在预算较低时，受固定设施成本影响，系统倾向于选择少量固定设施。随着预算的增加，目标点的人口容量限制了目标最小值，被选中的目标点量也有所增加。此外，先期被看中的目标点在经费增加的过程中一定会被选中，这种现象也为人员运送选址决策带来启发。

表 8.7 不同经费情况下的选址结果

不同经费情况下的选址结果			
预算	目标点 1	目标点 2	目标点 3
10 万	0	0	1
15 万	0	0	1
25 万	0	1	1
30 万	1	1	1
35 万	1	1	1

表 8.8 表示不同经费预算下，各种运输工具的运输次数和最小目标值。在有应急任务需要时，优先采用运输效率（单次运量 / 单次运输成本）高的运输工具。当最佳运输工具使用饱和后，会选择次优运输工具。就此例而言，所需的预算费用为 30 万元。

表 8.8 不同经费下各运输工具的运输次数和最小目标值

预算	载具 A	载具 B	载具 C	载具 D	目标值
10 万	41 次	1 次	155 次	0 次	4060 人
15 万	52 次	94 次	232 次	128 次	2800 人
25 万	52 次	274 次	232 次	488 次	1000 人
30 万	52 次	354 次	232 次	649 次	200 人
35 万	52 次	354 次	232 次	649 次	200 人

可以通过这种方式得到一个大致的预算情况，并且通过计算运输工具效率，选择效率最高的运输工具。这一结论是在本文简化示例中得出的。实际重大突发事件中，运送保障任务还需考虑其他关键因素，将这些因素加入到模型中做进一步分析。本节所建模拟模型，能够帮助发现应急决策的薄弱环节，如运输工具效率、固定设施数量和容量等，对救灾时期运输

管理决策提供支持。

8.3.4　结论

本节针对救灾人员 – 物资运输情况，提出了“出发点—中转点—目标点”人员 – 物资协同转移模型。并研究了基于多种场景的转移模型分析算法。研究过程中进行了一些简化假设，比如以预算成本为关键变量，暂不计算其他灾区因素；运输过程仅仅是以最短距离进行计算，没有考虑道路堵塞等情况；在受灾人员运输中没有考虑人员的心理因素对人群行为造成的影响。后面的研究可以考虑将这些被简化因素一一加入到模拟模型中，从而更好地寻找受灾人员 – 物资运送的最优决策方案。

第 4 节　应急管理中带有竞争因素的系统模拟

啤酒馆模拟更多的是展示组织结构对人行为的影响，并由此带来供应链中的需求偏差的累积。但是，单线的生产 – 销售系统与现实世界营销系统存在一个本质的差异，就是没有竞争。所以这里加入竞争因素，对实验系统进行改进。

在面对突发紧急事件时，由于情况危急，管理系统迫切需要高效运行。这时人员的竞争可能会为应对危机带来负面影响。

本节将给出一种模拟实验的设想。

8.4.1　模拟模型假设基础

这里假定海上航行着一艘邮轮，某一天邮轮的底仓突然着火，并且火势有扩大的趋势，难以进行有效控制。这个时候作为船长的你要组织紧急疏散，拯救船上的乘客和工作人员于危难之中。

由竞争因素带来的系统不确定性对管理决策而言是巨大挑战。舱室拥挤和人群危机动力学相互纠缠，引发巨大的不确定性，使疏散行动变得极度困难。为了应对这一挑战，可以构建时间概率模型，将拥挤问题和危机动力学统一考虑。模型基于 DBN 构建，支持几种确定的拥挤疏散行为，并且加入了火灾模型、拥挤心理模型和通讯流模型等。最后通过仿真证明，DBN 可以追踪和分析人在灾难中的行动，模拟模型随着灾难变化一步一步发展。

下面，我们来分析上述情景。在现实危机中制订紧急疏散计划非常困难，由于不知道危机会如何发展，或者疏散中是否会出现拥堵情况，使得疏散的难度进一步增加。即要求疏散计划要根据将获得的信息动态发展以适应环境变化。

应对危机的管理系统模拟模型大致可以分为微观、宏观和混合三种。宏观模型将突发事件当作整体流来考虑。微观模型全面考虑包括需疏散人群中每一个体特性在内的多种因素，即每一个体的物理、心理特征，疏散策略和相关设备等。混合模型则是根据研究需要，在不同时期采取不同的模型精细度。现在有关应对重大突发事件的研究中，对心理特征的考虑还较少，以后的研究可以增加相关内容。

8.4.2 模拟模型构建设想

一、模拟模型总体框架

首先用有向图的形式展示海上邮轮的几种不同格局，标出出口目标点，隔间、楼梯、走廊和登载区，以及隔间补给点、走廊疏散通道装载区和集散区等功能区域。这些区域之间的联通关系可以作为构建 DBN 模型的结构基础。

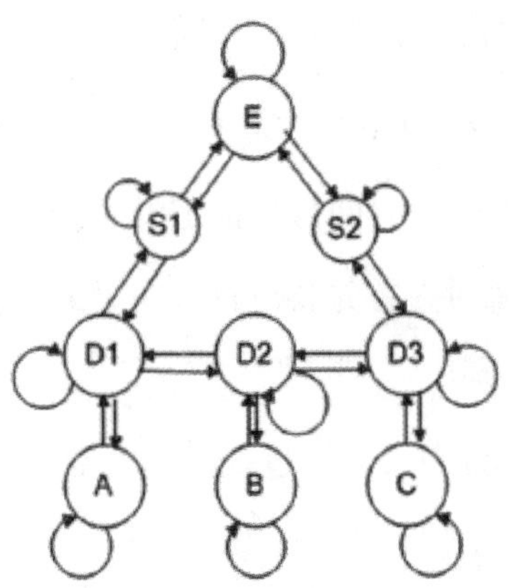

图 8.3a　邮轮格局结构图

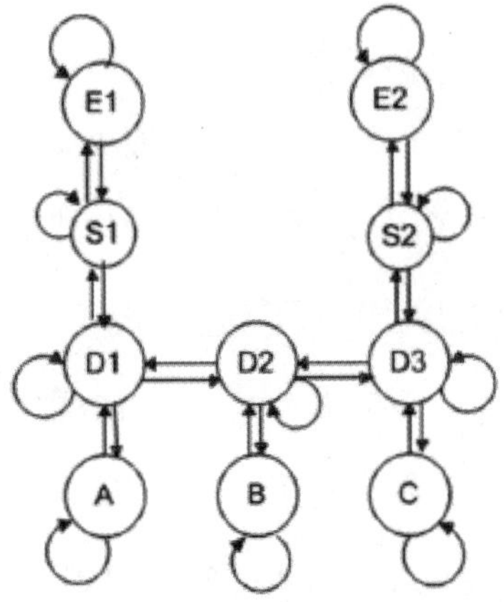

图 8.3b　邮轮格局结构图

图 8.3a 的邮轮只有一个出口目标点，此外的区域包括隔间、楼梯、走廊和登载区。A、B、C 是隔间补给点，通过门连接到走廊。D1、D2、D3 是走廊运输通道，直接连接到不同的隔间。E 是装载区、集散区，在突发危机中，是乘客临时集中并逃离船只的区域。S1、S2 是楼梯，将走廊连接到区域 E。为了兼顾问题的复杂性，图 8.3b 中增加了一个出口。

根据问题的结构及其复杂性，我们选择使用 DBN 建模。DBN 模型的基础是贝叶斯概率理论，其条件概率公式如下：

$$P(x_1, x_2, \cdots, x_n) = \prod_{i-1}^{n} p(x_i | pa_i) \quad (1)$$

在此基础上，先构建二时间片段的 DBN 模型。模型建好后要设置条件概率分布，对 DBN 来讲，首先要设置 t_0 时刻的先验概率和 t 时刻的转换概率。

模型中的初始概率分布可以通过查询相关专业资料获得，也可以由相关领域的专家根据经验给出，之后，模型运行过程中的概率分布可以通过软件脚本自动计算。

本次实验计划建立的模型包含拥挤模型、风险模型、行为模型、流模型和人群模型。每一个模型都包含一个 DBN，并服从马尔科夫链规律。旨在通过 DBN 推理验证竞争环境中的应急管理决策。二时间段 DBN 的条件概率公式如下所示。其中 X_t^i 表示 DBN 中时间片段 t 的第 i 个节点。

$$P(X_t | X_{1-t}) = \prod_{i=1}^{n} p(X_t^i | Pa(X_t^i)) \quad (2)$$

图 8.4 是拥堵模型的一个子集。三个节点分别代表了装载区和两个楼梯的事件状态。简言之，该图表达了一个节点的状态由它先前的状态和与它相邻节点先前的状态所决定。例如，节点 $S1$ 在 t 的状态是由它在 t–1 的状态和 E 点在 t–1 的状态所决定。

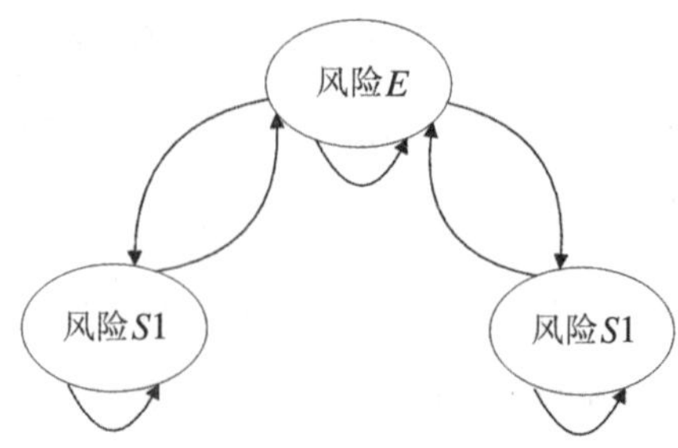

图 8.4　邮轮拥堵模型子集

表 8.9　风险节点 E 的状态概率表

火势状态	概率（%）
潜伏	0.2
燃起	0.2
发展	0.2
衰落	0.2
熄灭	0.2

图建好后要设置条件概率分布，对 DBN 来讲，要设置 t_0 的先验概率和 t 的转换概率。横纵的交叉点是状态转换概率。例如，表 8.9 给出了节点 E 的先验概率。可以看出，先验概率表示位置 E 的拥挤状态是由五种情况的等概率分布所形成。表 8.10 根据转换模型的结构展开条件概率分布表。节点 E 现在有了三个父节点 $S1$、$S2$ 和 E，由时间 $t-1$ 到时间 t，每一列关联一个具体的条件状态。要注意到节点 E 也是自己的父节点，因为它也影响着自身状态的变化。

表 8.10　风险节点条件概率分布展开表

（单位：%）

风险 $S1[t-1]$	熄灭								
风险 $S2[t-1]$	潜伏					燃起	发展	衰落	熄灭
风险 $E[t-1]$	潜伏	燃起	发展	衰落	熄灭	/	/	/	/
潜伏	0.9	0	0	0	0	/	/	/	/
燃起	0.1	0.9	0	0	0	/	/	/	/
发展	0	0.1	0.9	0	0	/	/	/	/
衰落	0	0	0.1	0.9	0	/	/	/	/
熄灭	0	0	0	0.1	1	/	/	/	/

节点状态的无条件概率或边际概率由条件概率的计算公式（3）获得：

$$P(B)=\sum_i P(B|A_i)P(A_i) \tag{3}$$

对于随机变量 E，可以获得时间 t 的各种可能状态的概率。DBN 的作用就是通过获得的证据推论目标节点的状态概率。例如，在时间 t=1 时，在节点 $S1$ 发现火灾，可以将这一信息引入 DBN，更新相关的概率分布，包括现在、以前和之后的条件概率分布。我们通过贝叶斯定理进行这一推论，如公式（4）：

$$P(A|C)=\frac{P(C|A)P(A)}{P(C)} \tag{4}$$

贝叶斯定理是我们可以通过证据 C 计算随机变量 A 的后验概率分布。假设获得时间 t=1，节点 $S1$ 火灾的证据，像在图中看到的一样，当这一证据随时间在整个网络传播，三个相关随机变量的状态概率也会随之更新。

将图 8.4 中的 DBN 展开，可以获得随意节点的条件边缘概率分布。从 t=0 的先验概率开始，随时间推理模型。这样，可以看到每个节点状态概率的动态性。

二、模拟模型子模型的构建设想

本节应急管理模型包含拥挤子模型、风险子模型、行为子模型、流模型和冒险子模型。每一个模型都包含一个 DBN，并服从马尔科夫链规律。

（一）冒险子模型

冒险子模型是风险子模型的父节点。对邮轮上的每一个位置赋予一个风险变量。风险是任何危及生命、健康和财产的现象。这里，用模型推理表述邮轮上不同点位火势的蔓延。

本文的风险模型有 9 个风险节点，每一个对应船上的一个位置。风险节点 E 的一阶自循环边，意味着风险节点 Et–1 到 Et 的因果关系建立。

风险节点 E 到风险节点 $S1$ 的一阶时序边意味着节点 E 在上一个时间段也依赖于邻居位置的状态。虽然可以设计更高的时间序列，但是针对本节假想的问题，我们选择最适合的一阶模型。更高的时序模型适合逐渐出现的范围更广、复杂性更高的征兆，以判断灾难发生的可能性。

参考一些火灾安全相关文献对火灾阶段的描写，我们根据火灾的物理特性建模，将火灾的发展分为以下五个阶段：潜伏、燃起、发展、衰落和熄灭。基于各节点状态相互独立发展且有相互作用关系的节点相互影响的特性，燃烧的火焰有蔓延到邻居位置的潜在可能，触发邻居位置从潜伏到燃起的转变，或者它自己发生从燃起到发展的转变。这些动态变化的可能被描述为条件概率分布，每一节点在当前时间段的概率，以 DBN 中该节点时间上或非时间上父节点的状态为条件。

（二）风险模型

风险模型依赖于灾害模型。对每一个位置 *X*，风险模型有变量风险等级 *Xt* 的三种状态：低、中、高，像在风险等级 *D*2 节点的条状图上展示的那样。

风险等级依次转化为行为模型，对定义的可能风险情景进行最优反应分析。

（三）行为模型

行为模型就是一个单独的 DBN 变量，反映人类的行为。这个变量的每一状态共同映射为一个特殊的流图（人员全面撤离计划）。这个变量被用来适配疏散预案组，变量的每一状态关联一个具体疏散计划。可以看到，行为节点以所有的风险节点为父节点，为每一个联合风险情景提供一个具体的疏散计划。

行为节点面向轮船火灾情景包含四个状态：行为 1、行为 2、行为 3、行为 4。例如，一个图 1a 的具体的流图可以建议疏散路线：“A–D1–S1–E”，“B–D2–D1–S1–E”，“C–D3–S2–E”，还有位置 C 的备选路径“C–D3–D2–D1–S1–E”。这些路径是基于预先计算的风险评估来选择，以找出全局最优化的逃离路径为目的。对每一个灾害情景，在考虑每一位置的风险等级的情况下，通过计算最安全的路径分析来获得最优的计划。我们研究了每种灾害情景拥挤的理想疏散和典型疏散情景，对每一种威胁，找到了最好行为的程序，如下：

各种情境下的最优避难路径可以简单地基于一个最短路径算法，疏散路径中的每一个节点附加一个由该点风险等级决定的成本。这里可以考虑把风险折算成路径的长度成本。同时还可以考虑把蚁群算法和CEM相结合，来寻找大范围问题的最优路径。

（四）拥堵模型

拥堵模型可以持续追踪时间 *t* 在每个位置 *X* 的人数。它还是流模型执行的人群移动计算的储存器。我们使用变量人群 *Xt* 来粗略地计算每个位置的人群数量：空的、有一些人、有许多人这三种状态。

配合这个子模型的条件概率图，空位置和有一些人的位置可以接受邻居节点的人。有许多人的位置要先等本地人群疏散后才能接受其他人进入。在后续研究中，这种方法可以用颗粒计算和流管理方法进行扩展。

（五）流子模型

如流子模型管理图 8.3a 反映每个边进入和流出的人群流。人群流的管理基于对应每一个位置 *X* 的三个互相支持的变量。行为子模型的预选方案将会指挥从灾区逃离的人群的疏散方向。此外，在每一个拥挤位置都有相互联系的外出的、进入的和降低的三方节点。同样的结构对所有其他内部联系的节点都是有效的。以上功能通过构建人群排队和阻塞的概率模型来实现。

通过使用 DBN 做计算框架，我们的模型可以持续跟踪每一位置的实时人数，进而支持我们对每一位置进出的人群流建模。因此，我们可以通过条件概率表对拥堵程度、流效率和人群混乱程度进行建模推理。流效率表示疏散能多快执行，人能多快针对灾情进行反应。在模型中我们用反应概率来度量效率。这是人们在每一时间点实际移动而不是盲目等待的概率。通过这一概率数据，某人移动时混乱对他的影响就会显露出来。人受混乱环境影响的程度，可以用来度量人们选择最优路径的能力，比如受到烟雾、慌乱等本地因素的影响时。

流通效率是为了度量人群移动的速度，混乱程度则用以捕获人群对最优路径选择的效率。相关工作中，疏散效率以疏散时间度量，包括人们通过每一出口的时间。疏散时间包括实际疏散时间和人对情景进行判断的时间，如公式（5）：

$$t_t=t_{pm}+\zeta t_m \tag{5}$$

t_t 是总疏散时间，t_{pm} 是判断时间，t_m 是对于一个路径的理想疏散时间，ζ 表示疏散效率。显然，对于不同建筑和情景，基于布局复杂性和对疏散指示的理解，判断时间会随之改变。此外，理想通过时间也会被一些细节影响，比如走廊和楼梯对移动速度的影响。

因为存在人反应速度慢、选择错误路线或者通道阻塞等情况，真实疏散时间极少符合理想状态。人群的密度、疏散路径和流速等因素决定了疏散效率 ζ。建筑物中的人群疏散，效率一般在 1.5 以上。有两个逃脱路径的建筑物，当其中一个被阻塞时需要更高的疏散效率。因为疏散效率具有不确定性，因此，我们用概率来建模模拟效率。

同样，混乱的表现归因于对环境的不熟悉、紧张和焦虑，低可见度等因素也会阻碍疏散。这些会影响人决策能力的因素，被作为一般的混乱程度参数，用于计算人们不能做出理想决策的概率。这个参数是我们可以考虑到的混乱，通过从更复杂的心理模型中边缘化一些细节参数得到。相应地，我们参考一些其他计算模型的例子，将混乱作为定量的参数，取值在

0.0–1.0 之间。1.0 表示完全混乱，表现为采取随机决策，0.0 表示决策是最优的，不受混乱影响。

以上研究的目的是通过 DBN 建模对每一点位的推理，找出影响疏散的关键因素及其影响机理。与上一章重大突发事件中的人员疏散的区别在于，人自发的疏散是盲目的，才会出现拥堵现象，而应对重大突发事件的疏散则有人指挥，可以提前预判各种情况下的收益率，所以效率更高。

三、实验仿真与分析的设想

模拟模型构建好之后可以通过仿真实验运行几种假设情景，检查不同程度的混乱和效率对疏散效果的影响。从计划执行速度和精确执行计划的能力的角度来看疏散成功的程度。通过从图 8.3a 可以评估轮船火灾情景，观察 DBN 不同部分对具体火灾情景的反应，尤其是灾难向其他位置蔓延的可能性，以及人群疏散过程如何进行等。

（一）配置仿真情景

对某位置在某时间引入火灾状态，作为 DBN 建模推理的依据。基于这一依据，可以迭代计算关于火灾状态和人群在 DBN 模型中的流动信息，以及因此导致其他事件的后验概率。

可以考虑用 CEM 和 C++ 来做仿真推演建模的编程语言。在仿真实验中如果考虑整个时间序列，会有大量的数据和参数。为了应对复杂性，可以考虑四种不同的近似推论算法：重要性适应抽样算法、后验重要性估计抽样算法、背景抽样算法和相似性抽样算法。通过实验比较各种方法的结果。剔除错误数据后，比较不同算法的结果，选择一种最优的算法。

（二）实验验证猜想

通过在可能范围内改变疏散效率和人员混乱的概率值，分析这些参数对人群疏散的影响。

然后分析多种疏散效率参数值下的疏散结果。将 D1 房间的完全疏散作为成功指标。高效值意味着 D1 房间空间利用效率高，因为有不同位置的大量人群进入，紧跟着又快速变空。而相对较小的效率值，则意味着 D1 房间没有及时变空。

通过不同参数的设置，分析对目标情景来说效率参数相对于混乱参数的影响。此外，还可以配置不同的事件情景，设置不同的参数组合，通过实验验证多种研究猜想。

小结

本章内容主要着笔于面向复杂系统的竞争性实验模拟方法。首先，介绍了针对供应链系统的一种经典模拟实验——啤酒馆模拟游戏。使读者对系统模拟实验有了一个初步的认识。

然后，提高目标系统复杂度。分析了应对重大突发事件的系统模拟研究方法。从研究背景入手，阐述了研究的目标和主要内容，并进一步分析了实验方法的设计思路，为下一步研究打下基础。

之后，以应对洪灾的人员 - 物资运输为例，给出了竞争性实验模拟方法的研究实例，建立了应对洪涝灾害这类重大突发事件的运输模型，并提出配套的算法设计。同时，设计了一个小的实例，验证文中的模型和算法。

最后，假想一个海上邮轮遭遇火灾的重大突发事件，以疏散救援游客和船员为目标，提出建立模拟系统实验模型的研究思路。作为阅读本书的一道实践作业，具体的研究过程留给读者自己完成。